**Roger Hackstock • Energiewende**

Roger Hackstock

# Energiewende

## Die Revolution
## hat schon begonnen

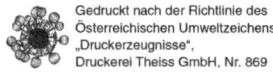
Gedruckt nach der Richtlinie des
Österreichischen Umweltzeichens
„Druckerzeugnisse",
Druckerei Theiss GmbH, Nr. 869

Dieses Buch ist nach den Richtlinien des österreichischen Umweltzeichens und
auf FSC®-zertifiziertem Papier aus nachhaltigen Quellen gedruckt.
Mit „ClimatePartner" wird ein konkretes Projekt zum $CO_2$-Ausgleich unterstützt,
siehe unter Eingabe der ID-Nummer auf climatepartner.com.

www.kremayr-scheriau.at

ISBN 978-3-218-00909-6
Schutzumschlaggestaltung: Kurt Hamtil, Wien
Unter Verwendung eines Fotos von © cienpiesnf/fotolia.de
Typografische Gestaltung: Kurt Hamtil, Wien
Druck und Bindung: Druckerei Theiss GmbH, St. Stefan i. Lavanttal

# Inhalt

# Der Klimawandel ist da

„I am here to speak for all generations to come.
Make your actions reflect your words."
*Severn Cullis-Suzuki (12 Jahre)*
*beim Erdgipfel in Rio de Janeiro 1992*

Als Kind nahmen mich meine Eltern einmal zu einem Ausflug auf Österreichs größten Gletscher, die Pasterze am Großglockner, mit. Es war das Jahr 1966, und meine Eltern gingen in ihrer Freizeit oft wandern, da beide auf dem Land aufgewachsen waren und die Natur liebten. Ich lernte viele bezaubernde Orte in den Alpen kennen, auch den höchsten Berg Österreichs, an den ich mich noch heute erinnere. Ein vergilbtes Foto zeigt mich als dreijährigen Knaben an der Hand meiner Eltern, auf dem Gletscher stehend. Die Stelle, an der ich damals stand, gibt es heute nicht mehr. Sie liegt jetzt viele, viele Meter tiefer. Allein im Jahrhundertsommer des Jahres 2003 verlor der Eisriese sechs Meter an Höhe und 30 Meter an Länge. Im Jahr 2004 sank er weiter um mehr als viereinhalb Meter ab, in den Jahren danach um über zweieinhalb Meter.

Wir fuhren damals mit der Gletscherbahn von der Franz-Josefs-Höhe hinunter zur Pasterze. Die Bahn gibt es immer noch, sie verläuft allerdings inmitten von Geröllmassen. Entlang der Strecke findet man ein verloren wirkendes Schild mit dem Hinweis, bis wohin die Pasterze im Jahr 1960 reichte. Der Gletscher ist heute Hunderte Meter davon entfernt. In geologischen Zeiträumen gemessen läuft hier eine Veränderung in ziemlich kurzer Zeit ab.

## Erste Warnung vor über 100 Jahren

Menschen, die nicht an den Klimawandel glauben, weisen gerne darauf hin, dass die Menschheit seit Jahrtausenden mit Feuer und fossiler Energie hantiere und es unseriös wäre, sie jetzt deshalb für die aktuelle Änderung des Weltklimas verantwortlich zu machen. In China wird seit 2000 Jahren Kohle verbrannt, die Burmesen bohrten vor 1000 Jahren erstmals Ölquellen an. Seit dem 16. Jahrhundert wurde in England Kohle für den Hausbrand und im Gewerbe verwendet.

Die Verbrennung fossiler Brennstoffe hat tatsächlich eine lange Tradition, aber über Jahrhunderte blieb die Menge unerheblich. Erst in der zweiten Hälfte des 19. Jahrhunderts erreichte die Nutzung von Kohle, Öl und Gas eine Größenordnung, die den Kohlendioxidgehalt in der Atmosphäre merklich ansteigen ließ. Fast 80 Milliarden Tonnen Kohlenstoff wurden zwischen 1860 und 1960 in die Atmosphäre geblasen. Von 1960 bis 1990 waren es nochmals 80 Milliarden. Ebensoviel kam zwischen 1990 und 2005 hinzu. Wofür wir früher 100 Jahre gebraucht haben, brauchen wir heute 30, mittlerweile sogar weniger als 15 Jahre. Und wir beschleunigten in den letzten Jahren weiter. Das *Carbon Dioxide Information Analysis Center* des U.S. Department of Energy meldete im Jahr 2006 erstmals die Überschreitung von acht Milliarden Tonnen Kohlenstoff pro Jahr, die neu in die Atmosphäre geblasen wurden. Im Jahr 2011 waren es bereits über neun Milliarden Tonnen. 2012 war erstmals eine Verlangsamung des Anstiegs zu beobachten. Die Treibhausgas-Emissionen lagen laut der niederländischen Umweltagentur PBL und des europäischen Forschungszentrums JRC um knapp ein Prozent über dem Vorjahr. Das war weniger als die Hälfte des jährlichen Anstiegs im vergangenen Jahrzehnt. Ob es sich dabei um eine Trendwende bei den Emissionen handelt oder sie weiterhin zunehmen, wenn auch langsamer, werden erst die nächsten Jahre zeigen.

Diese enormen Mengen an zusätzlichem Kohlenstoff in der Luft bleiben nicht ohne Wirkung. Der erste, der dies bemerkte, war der Chemiker Svante Arrhenius. Der Sohn eines schwedischen Landvermessers war ungewöhnlich begabt, bereits als dreijähriger Knabe konnte er einfache Texte lesen. Mit 22 Jahren kam er an die Universität Stockholm, um Mathematik und Naturwissenschaften zu studieren. Sein Hauptinteresse galt dem Verhalten von Salzen in Wasser, diesem Thema widmete er auch seine Doktorarbeit. Er fand heraus, dass der elektrische Widerstand einer Flüssigkeit oder eines Körpers mit steigender Temperatur zunimmt. Dies hieß umgekehrt, dass es Stoffe geben musste, deren elektrischer Widerstand unter einer bestimmten Temperatur auf Null sinkt. 20 Jahre später sollte diese Erkenntnis zur Entdeckung von sogenannten Supraleitern führen, die uns vielleicht in Zukunft helfen werden, überschüssigen Strom zu speichern.

Neben den Salzen galt sein Interesse auch der Kosmologie, er saß oft stundenlang am Fenster und betrachtete den Abendhimmel über Stockholm, wobei er darüber sinnierte, wo das Leben auf der Erde wohl herkam. Dabei fielen ihm seltsame Lichterscheinungen auf, die in leuchtenden Farben über den ganzen Himmel tanzten. Diese Lichtspiele wiederholten sich in den darauffolgenden Wochen, er wurde neugierig und begann sich näher mit ihnen zu befassen. Polarlichter waren den Menschen zwar seit jeher bekannt, von der Wissenschaft aber nicht völlig erklärbar. Arrhenius begann, alle Erkenntnisse über die Atmosphäre zusammenzutragen, die damals verfügbar waren. Dabei fiel ihm auf, dass jedes Jahr eine steigende Menge Kohlendioxid in der Luft gemessen wurde. Diese konnte nur von Vulkanausbrüchen stammen, so folgerte er, und aus der Verbrennung von Kohle, Öl und Holz durch die Menschen. Je mehr Daten er über Kohlendioxidemissionen zusammentrug, desto klarer wurde das Bild, das sich ihm bot. „Wir blasen unsere Kohlenminen in die Luft", fasste er die Situation in einem Artikel im Jahr 1896 zusammen, „dies könnte den Planeten derart aufheizen, dass es jenseits aller menschlicher Vorstellung liegt."

Diese frühe Warnung vor einem von Menschen verursachten Klimawandel verhallte jedoch ungehört. Man hatte noch keine Vorstellung vom Ausmaß der Veränderung, die ein weiterer Anstieg der Emissionen mit sich bringen würde. Selbst Arrhenius meinte, der menschliche Einfluss auf den Treibhauseffekt könne womöglich sogar positive Seiten haben: „Der Anstieg des Kohlendioxids wird zukünftigen Menschen erlauben, unter einem wärmeren Himmel zu leben." Arrhenius' Zeitgenossen sahen daher keine Veranlassung, sich eingehender mit dem Problem zu beschäftigen. Die vielen kritischen Reaktionen auf seinen Artikel, vor allem von Kollegen aus der Wissenschaft, führten schließlich dazu, dass er das Thema fallen ließ und seine Aufmerksamkeit wieder der Chemie zuwandte. Mit der Theorie der elektrolytischen Dissoziation, für die er 1903 den Nobelpreis für Chemie erhielt, ging er später in die Geschichte ein. Seine frühen Erkenntnisse rund um den Klimawandel gerieten dagegen in Vergessenheit.

Der von Arrhenius beobachtete Trend steigender Kohlendioxidemissionen setzte sich auch in den darauffolgenden Jahren fort. Die industrielle Revolution erforderte Unmengen an Kohle, die immer schneller zu Tage gefördert und in Dampfloks und Fabriken verbrannt wurden. Im Jahr 1896, als Arrhenius seinen Artikel veröffentlichte, konnten sieben Bergleute bis zu 600 Tonnen Steinkohle im Jahr abbauen, vier Jahre später brauchte man nur noch zwei Bergleute dafür. Im Jahr 1900 wurde bereits zehnmal so viel vom „schwarzen Gold" gefördert wie 50 Jahre davor. Kohle war der Motor des Fortschritts und deckte 90 Prozent des damaligen Brennstoffbedarfs.

Ein englischer Kohleingenieur und Amateurmeteorologe, dem Arrhenius' Überlegungen in die Hände gefallen waren, begann sich erneut für die Auswirkungen der Kohleverbrennung auf die globale Temperatur zu interessieren. In seinem Haus im englischen Ort Sussex trug Guy Stewart Callendar alle weltweit gemessenen Kohlendioxidwerte der vergangenen 100 Jahre zusammen, deren er habhaft werden konnte. Als er die Zahlenkolonnen verglich, stellte er eine stetige Zunahme der Emissionen über den gesamten Zeitraum fest. Auch die Temperatur der Atmosphäre hatte sich in den 100 Jahren verändert, es wurde langsam immer wärmer. Er veröffentlichte seine Erkenntnis im Jahr 1938 im *Quarterly Journal of the Royal Meteorological Society*, wo sie allerdings auf empörte Ablehnung stieß. Für die kritischen Kollegen der Royal Society waren die Ergebnisse nicht aussagekräftig genug, um ihm zu glauben. Die zusammengetragenen Messergebnisse waren aus ihrer Sicht lückenhaft und zum Teil widersprüchlich. Die Forscherkollegen sahen jedoch keine Notwendigkeit, der Sache mit weiteren wissenschaftlichen Arbeiten auf den Grund zu gehen.

Der weltweite Kohlendioxidausstoß lag damals bei 4500 Tonnen pro Jahr, ein Zweimillionstel des Ausstoßes von über neun Milliarden Tonnen im Jahr 2011. Der Klimawandel war zu Zeiten Callendars kein vordringliches Forschungsthema, seine Theorie der Erderwärmung fand nur wenige Anhänger. Die Wirren des Zweiten Weltkriegs führten schließlich dazu, dass eine warnende Erkenntnis um den Zustand der Atmosphäre für längere Zeit in Vergessenheit geriet.

## Die Keeling-Kurve

Ab den 1930er Jahren waren riesige Erdölvorkommen im Nahen Osten entdeckt worden. Die üppig sprudelnden Quellen bedeuteten nicht nur für Saudi-Arabien, Kuwait, Iran und den Irak den Beginn eines neuen Zeitalters. Die Ölfunde hatten unvorstellbare Ausmaße, eine fast unendliche Menge billigen Erdöls für die ganze Welt schien auf Jahrzehnte gesichert. Allein das 1948 entdeckte Erdölfeld Ghawar, das größte der Welt, liefert bis heute etwa sechs Prozent der Weltölförderung. Damit wurde die Kohle als wichtigste Energiequelle endgültig durch Erdöl abgelöst. Die Folge war ein rasanter Anstieg des weltweiten Energieverbrauchs, der den industrialisierten Ländern den Weg in die Konsumgesellschaft ebnete.

Über die Folgen dieser Entwicklung auf das Weltklima machte sich damals niemand Gedanken. Auch Charles David Keeling nicht, der in den 1950er Jahren begann, Messreihen des Kohlendioxidgehalts der Luft an verschiedenen Orten zu sammeln. Der aus Pennsylvania stammende Chemiker war einfach versessen darauf, Kohlendioxid zu messen. „Er misst es schon sein ganzes Leben lang. Sehr zielstrebig denkt er nur über dieses eine Problem nach. Er ist sturer als alle Wissenschaftler, die ich je kennenlernte", meinte sein Chef Roger Revelle gegenüber dem Wissenschaftsjournalisten Jonathan Weiner, der ihn am Scripps Institute of Oceanography besuchte. Weiner recherchierte gerade für sein Buch *Die nächsten 100 Jahre – Wie der Treibhauseffekt unser Leben verändern wird* und wollte den Ursprung des heutigen Wissens über Treibhausgase und ihre Wirkung aufspüren. Das Buch war mir 1992 in die Hände gefallen, es war mein erstes über den Klimawandel und hinterließ einen nachhaltig tiefgreifenden Eindruck bei mir. Ich war gerade das erste Mal Vater geworden und machte mir Gedanken über die Welt, die wir unseren Kindern hinterlassen. Weiner beschrieb auf eindrucksvolle Weise, welche Folgen ein weiter ungehemmter Ausstoß von Kohlendioxid auf das Klima haben würde. Ich war erschüttert und beschloss, meinen persönlichen Beitrag dazu so weit wie möglich zu verringern. Diese Haltung ist mir bis heute geblieben, was immer wieder zu amüsanten Begebenheiten führt. Ich kann mich noch gut an die Irritation der Firmenchefs einiger Solarunternehmen erinnern, als ich sie, als Geschäftsführer ihres Branchenverbandes, zum ersten Mal in ihrem Unternehmen besuchte. Sie mussten mich vom Bahnhof abholen und die letzten zwei Kilometer zu ihrem Firmenstandort irgendwo auf dem Land chauffieren, da ich ohne Auto angereist war. Ich konnte es ihren Gesichtern ansehen, dass sie nicht wussten, was sie von diesem „seltsamen Menschen" halten sollten, der als Geschäftsführer mit Zug und Bus angereist kam.

Weiner hätte diese Haltung sicher gefallen – vielleicht lerne ich ihn ja einmal kennen, falls ihm dieses Buch in die Hände fällt. Für seine Recherchen sprach er mit über 100 Wissenschaftlern, um das Wissen der 1980er Jahre zum Klimawandel zusammenzutragen. In einem Labor der Berner Universität lauschte er fasziniert dem Blubbern von 12.000 Jahre alten Gasbläschen, die aus einem schmelzenden Eisbohrkern aus der isländischen Eisdecke entwichen. Auf Hawaii erklomm er das 3400 Meter hoch gelegene Mauna Loa Observatorium, wo Keeling seine Kohlendioxidmessung begonnen hatte. Mit Unterstützung von Revelle hatte Keeling ein weitläufiges Netz aus Messstationen aufgebaut, um in allen Teilen der Welt die Konzentration von Kohlendioxid gleichzeitig messen zu können. Jedes Jahr landeten mehr als 6000 Flaschen mit Luftproben aus Alaska, Samoa, den Weihnachtsinseln, Neuseeland und dem Südpol in Keelings Labor. Er hatte ein neues Gerät zur Gasanalyse entwickelt, das es ermöglichte, den Anteil von Kohlendioxid auf Millionstel Teile genau zu bestimmen. Der Prototyp wurde im März 1958 am Hang des Vulkans Mauna Loa aufgestellt. Das Gerät ist immer noch in Betrieb und zeichnet bis heute jeden Tag die Konzentration des Treibhausgases in der Luft auf, genau wie alle anderen Messapparate rund um die Welt.

Ein Jahrzehnt lang beobachtete Keeling, wie der Gehalt von Kohlendioxid in der Luft jedes Jahr um einen Teil pro Million zunahm. Das Erstaunliche war die gleich große Zunahme überall auf der Welt, egal woher die Luftprobe stammte. Im nächsten Jahrzehnt erhöhte sich die Zunahme auf eineinhalb Teile pro Million. Die zentrale Frage für Keeling war, ab wann man bei einer solchen Entwicklung gesichert von einem eindeutigen Trend sprechen können würde. Saul Price, ein amerikanischer Wetterforscher, schildert seine Erfahrung dazu: „Wie soll man sicher sein, dass die verdammte Sache nicht nach zwei oder drei oder vier Punkten wieder umkehrt? Was ergibt einen Trend? Erst nach ziemlich langer Zeit – vielleicht nach zehn Jahren – sind Sie sicher, dass Sie sich mit etwas Realem befassen. Trotz der enormen Schwankungen auf der ganzen Welt, in der Atmosphäre, der Biosphäre und der Hydrosphäre, zeigt sich der Gesamteffekt noch immer, Jahr um Jahr um Jahr. Schließlich rufen Sie: ‚Mein Gott!'"

Keeling wurde mit der Zeit neugierig herauszufinden, wo die Ursache für die kontinuierliche Zunahme lag. Er hatte eine Vermutung und machte sich auf den Weg nach New York, um die Bibliothek der Vereinten Nationen aufzusuchen. Dort blätterte er in den Statistischen Jahrbüchern, wo er seine Überlegung bestätigt fand. Seine Messergebnisse zeigten eine verblüffende Ähnlichkeit mit der Zunahme der weltweit geförderten Mengen an Öl, Gas und Kohle im jeweiligen Jahr. Die Statistiken reichten zurück bis ins 19. Jahrhundert, als seine Urgroßeltern noch lebten. Keeling nahm ein Blatt und zeichnete eine Kurve, die den Verlauf des Kohlendioxidausstoßes seit 1850 aufzeigte. Diese von Hand gezeichnete Grafik hängt noch heute im Gang seines Büros, wie Weiner berichtet.

Unübersehbar zeigt die Linie der mehr als 100 Jahre zurückreichenden Entwicklung einen eindeutigen Trend. Die Emissionen folgen einer exponentiellen Kurve, die sich immer steiler nach oben fortsetzt. Diese sogenannte Keeling-Kurve wurde zum Sinnbild des Treibhauseffekts und zum wichtigsten Symbol für die Erklärung der Erderwärmung. Im Jahr 2001 wurde Keeling dafür die Nationale Wissenschaftsmedaille verliehen, die höchste Wissenschafts-Auszeichnung der USA. In den Jahren davor hatte der Süden des Landes die Auswirkungen des Klimawandels bereits schmerzhaft zu spüren bekommen.

## Auf einmal spielt das Wetter verrückt

Im Sommer 1988 waren die US-amerikanischen Klimaforscher von Kameras nur so umringt. Seit Wochen lag eine drückende Hitze über New York City, das Thermometer war an 32 Tagen auf über 30 Grad geklettert. Es war das heißeste Jahr seit Beginn der Aufzeichnungen im Jahr 1850. Bereits im Jahr 1981 hatte eine Hitzewelle den Rekord der letzten 100 Jahre gebrochen. Zwei Jahre später folgte ein noch heißeres Jahr, 1987 dann der nächste Rekord. Im November 1987 gab es erstmals öffentliche Hearings mit Politikern über die globale Erwärmung und den Treibhauseffekt. Präsident Ronald Reagan ließ sich im Juli in einem Maisfeld in Illinois fotografieren, die Halme reichten ihm gerade bis zur Hüfte. Die Maispflanzen hätten ihn zu dieser Jahreszeit eigentlich überragen müssen, die anhaltende Dürre hatte die Pflanzen klein gehalten. Die gesamte nordamerikanische Landwirtschaft war schwer in Mitleidenschaft gezogen, die Bauern erlebten einen historischen Notstand. Die Menschen litten und fragten sich zum ersten Mal, ob sie den Treibhauseffekt nun schon spüren konnten.

Im Juni 1988 lud eine Gruppe von Senatoren die Klimaforscher ins Capitol nach Washington, um über die Ursachen für die anhaltenden Wetterextreme zu sprechen. Ein Senator aus Louisiana eröffnete das Treffen vor versammelter Presse mit den Worten: „Wir haben mit einer Mischung aus Unglauben und Besorgnis gehört, das zu erwartende Ergebnis des Treibhauseffekts sei eine Austrocknung des Südostens und Mittelwestens. Heute ist daraus nicht nur eine Quelle der Sorge, sondern des Alarms geworden. Wir haben nur diesen einen Planeten. Wenn wir ihn zugrunde richten, bleibt uns kein Ort, an den wir gehen könnten." Unter den Forschern im Capitol war auch James Hansen vom Raumfahrtinstitut der NASA. Einige Jahre davor hatte er mit Kollegen Millionen von Daten über globale Temperaturen ausgewertet. Das Ergebnis zeigte eindeutig, dass die Erde heute wärmer war als in den letzten 100 Jahren. Seine Analyse gipfelte in der Aussage: „Wenn man alle Daten berücksichtigt, ergeben sie einen sehr starken Beweis dafür, dass der Treibhauseffekt entdeckt wurde und in diesem Augenblick das Klima verändert."

15 Jahre später machte Europa eine ähnliche Erfahrung. Im Sommer 2003 wurden in Österreich so viele heiße Tage gezählt wie nie zuvor. Die Felder waren völlig vertrocknet, in den Fischteichen verendeten Hunderte Karpfen und Forellen. Die Bauern waren verzweifelt, sie mussten sich mit der halben Erntemenge zufrieden geben, die zweite Heuernte fiel in weiten Teilen des Landes komplett aus. Drei Jahre später folgte neuerlich ein Rekord, im Juli stieg die Temperatur an 17 Tagen

auf über 30 Grad Celsius. Es war der heißeste Juli seit 155 Jahren. Im November zog erneut eine Warmfront übers Land und sorgte in fast allen Skigebieten für blühende Bäume und grüne Wiesen. Für eine alpine Skination wie Österreich war das eine Katastrophe. Fast alle Ski-Openings mussten abgesagt werden, viele Wintersport-Orte standen vor der Pleite, weil die Gäste ausblieben.

Die Zeitungen titelten „Winter fällt aus!", als eine Studie von Wetterforschern für neuerliche Aufregung sorgte. Wissenschaftler aus ganz Europa hatten sich die Mühe gemacht, Tausende Wetterdaten auszuwerten, die zurück bis ins 8. Jahrhundert reichten. Sie wollten herausfinden, ob das Wetter bereits in früheren Zeiten einmal ähnlich verrückt gespielt hatte, wie wir es gerade erlebten. Das überraschende Ergebnis war, dass die europäischen Alpen gerade den wärmsten Winterbeginn seit 1300 Jahren erlebten. Die Ursache war der seit Jahrzehnten ständig steigende Ausstoß von Treibhausgasen wie Methan und Kohlendioxid, wie die Forscher feststellten. „Die Modelle deuten darauf hin, dass es in Zukunft noch wärmer wird", prognostizierte der österreichische Klimaforscher Reinhard Böhm.

Die Zukunft folgte zwei Monate später. Normalerweise herrscht im Januar in Mitteleuropa klirrende Kälte, das einzige Vergnügen im Freien ist Eislaufen. Doch diesmal waren auf den Straßen die Gastgärten geöffnet, die die Gastwirte schnell herbeigeschafft hatten, als die Temperatur tagelang auf angenehme 18 Grad gestiegen war. Man fühlte sich wie im Frühling, selbst die Bäume fingen mitten im Winter an, erste Knospen zu zeigen. Dann fiel die Temperatur überraschend innerhalb weniger Stunden um 20 Grad, es begann zu schneien. Verdutzt stapften viele mit Halbschuhen durch den Schnee, da keiner mit einem so plötzlichen Wetterumschwung gerechnet hatte.

Das war jedoch das kleinere Problem, das die starke Temperaturschwankung mit sich brachte. Die enormen Temperatursprünge im Januar 2007 lösten den Orkan Kyrill aus, der zwei Tage lang mit Windgeschwindigkeiten von bis zu 225 Kilometer in der Stunde über Europa fegte. Der gewaltige Sturm riss Dächer mit sich, legte den Flugverkehr und die Bahn lahm und führte vielerorts zu Stromausfällen. Derartige Stürme über dem Festland waren äußerst selten und entsetzten die Menschen. „Das hatten wir noch nie in Deutschland", konstatierte der Chef der Deutschen Bahn, Hartmut Mehdorn, verblüfft. „An einen solchen Sturm in diesem Ausmaß können sich auch die älteren Bahnmitarbeiter nicht erinnern." Den Namen erhielt der Orkan übrigens vom Institut für Meteorologie der Freien Universität Berlin, das die zweifelhafte Ehre hat, die Wirbelstürme über Deutschland zu benennen.

## Eine historische Chance wird verpasst

Die jüngsten Wetterkapriolen waren noch in frischer Erinnerung, als die Vereinten Nationen im April 2007 ihren Weltklimareport veröffentlichten. Die Wissenschaftler hatten 30.000 Messreihen ausgewertet und waren zum Ergebnis gekommen, dass der Klimawandel bereits viel weiter fortgeschritten war als bisher angenommen. Die *Tagesschau* des deutschen Fernsehsenders ARD brachte noch am Abend der Veröffentlichung die aufrüttelnde Nachricht: „Ganz eindeutig stellten die 2500 beteiligten Wissenschaftler fest, dass der Mensch die Schuld am Klimawandel trägt. Zwar war auch zuvor schon von Wissenschaftlern eindringlich vor den Folgen der Erderwärmung gewarnt worden, zum ersten Mal jedoch scheint es keinen Zweifel mehr an den Erkenntnissen zu geben. Zudem sind die Folgen weit dramatischer als bislang angenommen." Zum ersten Mal widmeten fast alle Tageszeitungen der Geschichte die ganze Titelseite. Damals dachten viele, die Gefahren des Klimawandels seien nun endlich in den Köpfen der Bevölkerung angekommen. Tatsächlich zeigten die Umfragen, dass viele Menschen bereit waren, Maßnahmen und Gesetze zu akzeptieren, die den Klimawandel wirksam eindämmten. Das Jahr 2007 wäre die ideale Gelegenheit gewesen, eine europaweite Steuer auf Kohlendioxid einzuführen, um die fossilen Energien vom Markt zu verdrängen. Nie wäre das Verständnis dafür bei Bevölkerung und Wirtschaft höher gewesen als damals. Doch die Politik verpasste diese historische Chance, das wachgerüttelte Bewusstsein für den Klimaschutz zu nutzen. Das verzeihe ich ihr bis heute nicht.

Im Jahr darauf mussten die Wetterforscher der Universität Berlin wieder einen neuen Namen finden. Anfang März 2008 wurde Mitteleuropa großflächig von spontanen Temperaturstürzen heimgesucht. Die Folge war Emma, ein Orkan begleitet von sintflutartigen Regenfällen, der die Zerstörungskraft von Kyrill noch übertraf. Überall drang das Wasser in die Keller, allein in Wien musste die Feuerwehr über 1000 Mal an einem Tag ausrücken. Wieder kam das Leben in Europa für kurze Zeit zum Erliegen, alle Transportverbindungen waren unterbrochen, die Straßen von entwurzelten Bäumen gesäumt. Kaum waren die Aufräumarbeiten einigermaßen erledigt, folgte ein unruhiger Sommer mit erneut starken Temperaturschwankungen. Hitze und Unwetter wechselten sich täglich ab, an manchen Tagen fiel das Thermometer binnen Stunden um 15 Grad. „Solche Wetterumschwünge im Sommer sind nichts Ungewöhnliches, in der Intensität war es diesmal aber doch besonders heftig", urteilte Thomas Turecek von der Zentralanstalt für Meteorologie und Geodynamik in Wien.

Er traf damit den Kern der Sache, auf den schon Jonathan Weiner hingewiesen hatte. Der Klimawandel sorgt dafür, dass Stürme stärker werden, Hochwasser höher, die Sommer heißer, der Regen geballter, die Trockenperioden länger. Die Jahreszeiten kommen durcheinander, mal gibt es Frühlingswetter im Januar, dann wieder Tropentage im September wie im Jahr 2008. Statt mildem Herbstwetter zeigte das Thermometer eine ganze Woche lang über 30 Grad, wie im Hochsommer. Es war nicht nur bei uns in Mitteleuropa so heiß, selbst in der Arktis stiegen die Temperaturen auf ein Rekordhoch. Die amerikanische Wetterbehörde NOAA meldete, dass es am Nordpol um fünf Grad zu warm war, weil in den vergangenen Jahren enorme Mengen an Eis geschmolzen waren und die Sonne dadurch das Meer stärker erwärmte.

Da immer mehr sonnenerwärmtes Wasser die Eisdecke umspült, hat eine Kettenreaktion begonnen, die den Nordpol über Jahre langsam abtaut. Keiner kann mit Sicherheit sagen, welche Folgen das aufs Weltklima haben wird, die Vermutungen der Wissenschaftler sind aber alles andere als beruhigend. Schmilzt der Nordpol, so gelangen große Mengen kaltes Süßwasser ins Meer, die an der Oberfläche nach Süden fließen, dem Golfstrom entgegen. Diese Strömung pumpt seit 10.000 Jahren gigantische Mengen warmen Meerwassers aus dem

Golf von Mexiko quer über den Atlantik nach Europa. Sie ist der Grund für das milde Klima in unseren Breiten, da Europa eigentlich ziemlich weit im Norden liegt, wenn man den Erdball betrachtet. Der Golfstrom ist sozusagen die Standheizung Europas. Ohne ihn würden in Paris ganzjährig Temperaturen herrschen wie in Moskau, in London wäre Eisregen statt Nieselregen an der Tagesordnung. Trifft der warme Golfstrom auf kühles Wasser, sinkt er ab und kehrt nach Amerika zurück, wo der Kreislauf von neuem beginnt. Heute geschieht das weit, weit im Norden, oberhalb des Nordkaps. Kommt dem Golfstrom aber künftig immer mehr eisiges Schmelzwasser vom Nordpol entgegen, könnte er schon oberhalb Schottlands umkehren, sagen die Forscher. Dann würde Europa eine neue Eiszeit erleben, dagegen wären die heutigen Wetterextreme im Rückblick harmlose Unannehmlichkeiten.

## Die Rekordjagd geht weiter

Den nächsten Rekordsommer lieferte das Jahr 2009. Im Juni fiel im Norden Österreichs viermal so viel Regen wie im Durchschnitt der letzten 50 Jahre. Auffallend war der viele Starkregen, in zwölf Stunden regnete es über 100 Liter pro Quadratmeter vom Himmel. Hunderte Hauskeller wurden überflutet und zahlreiche Straßen überschwemmt. Zwei Monate später folgte eine Hitzewelle, die Temperatur lag über Wochen durchgehend bei über 30 Grad im Schatten. Die Freibäder hatten Hochsaison, ebenso die Verkäufer von Klimaanlagen. Die Meteorologen verglichen ihre Aufzeichnungen und kürten den August 2009 zum heißesten aller Zeiten. Auch der Winter dieses Jahres fiel ungewöhnlich warm aus. Wieder bangten Hunderte Hoteliers bei wohligen 16 Grad Außentemperatur um den Beginn der Skisaison, die Pisten zeigten sich noch Ende November in sattem Grün. Dann wurde es endlich kalt, es begann zu schneien und alles schien wieder in Ordnung. Die Temperatur sank auf minus 24 Grad, es schien ein strenger Winter ins Haus zu stehen. Zwei Tage vor Weihnachten schnellte die Temperatur plötzlich in die Höhe, binnen 24 Stunden wurde es um sagenhafte 36 Grad wärmer. Meine Tochter saß enttäuscht am Fenster und musste zusehen, wie ihr liebevoll errichteter Schneemann bei 12 Grad plus dahinschmolz.

Und das Jahr 2010? Sie haben es erraten, es war wieder ein Rekordjahr. Diesmal wurden gleich zwei Rekorde gebrochen, wie die NASA und die amerikanische Wetterbehörde NOAA bestätigten. Es war das wärmste und niederschlagsreichste Jahr, das jemals verzeichnet wurde. Das war natürlich schwer zu überbieten, also legte das Klima im Jahr 2011 erstmals eine Pause ein. Nachdem das Wetter bis zum Sommer einigermaßen normal verlaufen war, brachte die *Kronen Zeitung* im August einen ganzseitigen Artikel, der von Satellitenmessungen der amerikanischen Raumfahrtbehörde NASA berichtete, die angeblich den Klimawandel widerlegten. Das macht die Diskussion so mühsam, wenn jede kurze Periode ohne Wetterextreme sofort genutzt wird, um den Klimawandel generell in Frage zu stellen. Die Zweifler und Skeptiker bauen dabei auf die Tatsache, dass kaum jemand sich ans Wetter des letzten Jahres oder noch weiter zurückerinnern kann. Oder war Ihnen die Häufung der oben im Zeitraffer beschriebenen Wetterextreme seit dem Jahr 2003 bewusst? Eben.

Zum *Kronen-Zeitungs*-Bericht über die NASA: Der NASA-Experte Roy Spencer hatte herausgefunden, dass während und nach einer Klimaerwärmung viel mehr Energie in den Weltraum entweicht, als die Klimamodelle besagen. Jede zusätzliche Erwärmung der Atmosphäre würde sofort ins All abgestrahlt, die Erde würde somit auf einer konstanten Durchschnittstemperatur gehalten, folgerte Spencer. Die Erde könne sich demnach gar nicht durch mehr Kohlendioxid in der Atmosphäre erwärmen, sagten die Skeptiker. Das war natürlich Unfug, die Auswertung von Eisbohrkernen zeigt, dass seit 12.000 Jahren ein eindeutiger Zusammenhang zwischen Temperatur und Kohlendioxid in der Atmosphäre besteht. Dennoch finden solche Berichte große Aufmerksamkeit, weil sie Entwarnung versprechen – nicht für die Atmosphäre, wo der Klimawandel weiter ungehindert im Gange ist. Die Beruhigung findet im Kopf der Leser und Leserinnen statt.

Vielleicht haben auch Sie sich gefragt, ob Spencer nicht vielleicht Recht hat und unser Einfluss auf den Klimawandel viel, viel kleiner ist, als wir glauben. Die Psychoanalyse hat dafür Anfang des 20. Jahrhunderts einen Begriff geprägt: Verdrängung. Damit wird ein grundlegender Abwehrmechanismus bezeichnet, durch den bedrohliche Vorstellungen von der bewussten Wahrnehmung des Menschen ausgeschlossen werden. Es ist ein Schutzmechanismus unseres Geistes, zu verdrängen, was uns Angst macht. Wir suchen nach einfachen Antworten, die das Problem kleiner und harmloser erscheinen lassen. Das Problem ist dann zwar immer noch da, belastet aber nicht mehr und man kann wieder ruhig schlafen. Am nächsten Morgen erwacht man frohen Mutes, steigt gelassen in sein Auto und trägt weiter dazu bei, pro Jahr mehr als neun Milliarden Tonnen Kohlenstoff zusätzlich in die Atmosphäre zu blasen.

Vielleicht sind Sie aber schon einen Schritt weiter. Wenn Sie der Meinung sind, der Klimawandel finde zwar statt, werde aber erst im Zeitraum von 100 oder 1000 Jahren seine volle Wirkung entfalten, dann haben Sie die nächste Stufe der Verdrängung erreicht. Sie sind sich des Problems bewusst, befürchten für sich aber keine Auswirkungen, erst die nächste Generation wird betroffen sein. In diesem Fall empfehle ich, noch einmal zu den ersten Seiten dieses Buches zurückzukehren. Können Sie sich an die Geschichte mit dem vergilbten Foto erinnern?

## Hurra, wir machen Wetter!

Wird heute ein Rekordjahr verzeichnet, so übertrifft es immer alle Aufzeichnungen seit dem Jahr 1850, als die meisten Messungen begannen. Was aber war davor, hat es nicht immer schon Klimaänderungen gegeben, lange bevor wir Menschen Autos und Kraftwerke in die Welt setzten? Seit wann besitzen wir überhaupt verlässliche Daten zu Wetter und Klima? Rüdiger Glaser, ein deutscher Wetterforscher, beschäftigte sich mehr als zwei Jahrzehnte lang mit dieser Frage. Er durchforstete Dutzende Archive und Bibliotheken, wie ein Detektiv heftete er sich dem vergangenen Wetter an die Fersen. Er las mittelalterliche Wetterjournale, die von Mönchen angelegt worden waren, um die Bestellung der Felder ihrer klostereigenen Landwirtschaft zu planen. Er vertiefte sich in Schiffstagebücher von Seefahrern, um mehr über die Wetterverhältnisse im 15. Jahrhundert zu erfahren. Er fotografierte Hochwassermarken an den Stadttoren entlang des Mains, um die großen Überschwemmungen der letzten 700 Jahre zu dokumentieren.

Sein Buch „Klimageschichte Mitteleuropas – 1200 Jahre Wetter, Klima und Katastrophen" liest sich wie ein historischer Roman, in dem das Wetter die Hauptrolle spielt. Das Drehbuch schrieben Vulkane und die schwankende Sonnenaktivität, die Klima und Wetter über Jahrhunderte bestimmten. Damals hatte der Mensch keinen Einfluss auf das Klima, erst seit der industriellen Revolution im 19. Jahrhundert schreiben wir am Drehbuch mit, wie Glaser feststellt. Auch vor 800 Jahren gab es eine Wärmeperiode, die ähnliche Folgen auf das Wetter hatte, wie wir sie heute erleben. Gewaltige Stürme fegten übers Land, Hochwasser und Hitzeperioden wechselten sich ab, die Jahreszeiten verschoben sich um Wochen. Ungewöhnlich starke Regenfälle führten zu der bis heute unübertroffenen Jahrtausendflut im Jahr 1342. In nur acht Tagen fiel die Hälfte der jährlichen Niederschlagsmenge vom Himmel, von Frankfurt bis Dresden wurden alle Brücken fortgespült. Die Ernte war vernichtet, in Deutschland herrschte Hungersnot. Bis heute werden am 22. Juli, dem sogenannten Maria-Magdalenen-Tag, Prozessionen zum Gedenken an diese Katastrophe abgehalten.

Die Jahrestemperatur lag 150 Jahre lang um knapp ein Grad Celsius über dem Mittelwert, der Grund war eine erhöhte Sonnenaktivität. Zahlreiche Vulkanausbrüche, allein fünf davon im 16. Jahrhundert, kühlten das Klima wieder ab. Auch die Aktivität der Sonne hatte sich verringert, was die Abkühlung noch beschleunigte. Die „Kleine Eiszeit", eine Periode kühlen Klimas von Anfang des 15. bis Mitte des 19. Jahrhunderts, ist in den Winterlandschaften von Pieter Brueghel verewigt, wo sich Menschen auf zugefrorenen Seen und Kanälen vergnügen, die im Winter heute eisfrei sind. Nach 1850 fand wieder eine Erwärmung statt, die bis heute anhält. Wie im Mittelalter hat die Sonnenaktivität wieder zugenommen, allerdings um vieles weniger als damals. Die Sonne allein hätte die Temperatur in den letzten 150 Jahren nur um ein halbes Grad erhöht, so Glaser. Die Erwärmung seit 1850 liegt heute aber bei eineinhalb Grad. Wo kommt das zusätzliche Grad Celsius her? Wie Glaser zeigt, haben die enormen Mengen Treibhausgas die zusätzliche Erwärmung verursacht, die seit 1850 durch die Verbrennung von Öl, Gas und Kohle in die Atmosphäre geblasen wurden. Zwei Drittel der heutigen Erderwärmung sind also hausgemacht.

Hurra, wir machen Wetter! Den stärksten Beitrag dazu haben übrigens wir und unsere Eltern geleistet, allein die Erwärmung seit 1970 ist stärker als während der gesamten 150-jährigen Wärmeperiode im Mittelalter. Kein Wunder, die Kohlendioxidemissionen sind seit 1970 um 80 Prozent gestiegen, wie der Weltklimarat der Vereinten Nationen im Jahr 2007 errechnete.

Im selben Jahr kam der Film „Die unbequeme Wahrheit" von Al Gore ins Kino, der erste Kinofilm über den Klimawandel. Als er in Los Angeles den Oscar für den besten Dokumentarfilm überreicht bekam, war der ansonsten wortgewaltige Gore ausnahmsweise einmal sprachlos. „Ich bin gerührt", stotterte er ins Mikrofon, „Ich weiß nicht, was ich sagen soll." Auch ich war sprachlos, als ich in Wien den Kinosaal betrat, um mir den Film anzusehen. Es waren fast keine Leute da. Wie konnte es sein, dass sich so wenige Menschen für ein so brennendes Thema interessierten? Begleitend zum Film organisierte Al Gore im Juli 2007 das größte Benefizkonzert aller Zeiten, mit dem Traum, eine neue

Umweltbewegung auszulösen. Unter dem Titel „Live Earth" spielten in sieben Weltstädten zugleich mehr als 100 bekannte Bands, von den Red Hot Chili Peppers bis zu Bon Jovi. Hunderttausende Menschen sahen die Konzerte auf riesigen Bildschirmen, die in allen Metropolen aufgebaut waren. Im Fernsehen liefen über Wochen Sondersendungen, die sich mit dem Klimawandel und seinen Folgen befassten. Tatsächlich drang das Thema für einige Zeit ins öffentliche Bewusstsein. Bei einer Online-Befragung von 500 ÖsterreicherInnen im Alter zwischen 14 und 59 Jahren gaben vier von fünf Befragten an, die globale Erwärmung bedrohe Mensch, Wirtschaft und Umwelt. Zwei Drittel behaupteten, ihr persönliches Bewusstsein für den Klimaschutz sei in letzter Zeit gestiegen. Die Bedeutung des Klimawandels war bei vielen Menschen angekommen. Es wäre das Jahr des Wandels geworden, hätte die Politik diese historische Chance nicht verpasst. Wie gesagt steigt mein Blutdruck noch heute, wenn ich daran denke.

Der Wahnsinn ist, dass wir die Kohlendioxidemissionen sogar noch weiter steigern, statt sie einzudämmen. Im Jahr 2011 wurden über neun Milliarden Tonnen Kohlenstoff in die Luft geblasen, eine unvorstellbare Menge. Selbst bei ehemaligen Verfechtern der fossilen Energieversorgung wie dem IEA-Chefökonomen Fatih Birol bilden sich bei diesen Zahlen Sorgenfalten auf der Stirn. In einem Interview mit dem britischen *Guardian* zu aktuellen Berechnungen der Internationalen Energieagentur über die Kohlendioxidemissionen meinte Birol: „Ich bin sehr besorgt. Das sind die schlimmsten Nachrichten zum Thema Emissionen. Das Ziel, den Anstieg der Erwärmung der Erdatmosphäre unter zwei Grad zu halten, wird zu einer extremen Herausforderung. Die Zahlen zeigen, dass die Aussichten immer düsterer werden."

Bereits im Jahr 2012 zeigten sich die nächsten Auswirkungen des Klimawandels, es war wieder ein Jahr mit extremen Wetterereignissen. Im Juni wurden weite Teile Österreichs von Hochwasser und Murenabgängen heimgesucht, wieder waren viele Keller überflutet und Straßen überschwemmt. Dann fiel das Thermometer plötzlich und es begann zu hageln und zu schneien. Bis zu 20 Zentimeter türmte sich die weiße Pracht, mitten im Sommer wurden die Schneepflüge aus den Garagen geholt. Zwei Monate später zog eine Hitzewelle übers Land, die Temperatur stieg selbst im Schatten auf über 37 Grad. Das Gefühl, dass es tatsächlich jedes Jahr heißer wird, wurde von Experten mit Zahlen bestätigt. „Die Statistik liefert eindeutige Hinweise, dass es wärmer wird", berichtete der Wetterexperte Gerhard Hohenwarter. „Zwischen den Jahren 1971 und 2000 gab es im Schnitt knapp acht Hitzetage über 30 Grad pro Jahr. In den letzten zehn Jahren waren es 21. Seit dem Jahr 2012 sind es fast 30." Langsam nähern wir uns in Mitteleuropa einem tropischen Sommer an, den wir bisher nur aus dem Urlaub in Südostasien kannten. In Shorts am Strand lässt sich die Hitze gut ertragen, doch im Alltag?

Ohne eine rasche Energiewende riskieren wir, dass die Emissionen weiter ungehindert steigen und das globale Klimasystem irgendwann zu kippen beginnt. Dann können wir unsere Landkarten wegwerfen, die Weltkarte würde von Grund auf neu gezeichnet, wie Klimaforscher versichern: „Der Klimawandel folgt der Treibhausgaskonzentration mit einer Verspätung von mehreren Jahrhunderten bzw. Jahrtausenden. Mit anderen Worten: Ein langfristiger Anstieg des Meeresspiegels um mehrere Meter ist mittlerweile unabwendbar. Ein schwacher Trost: Bis 2100 bewegt sich der Anstieg nur zwischen einem halben und einem Meter." Schon ein Meter würde den sicheren Untergang vieler Küstenstädte und Inseln bedeuten. Venedig werden unsere Enkel dann wohl nicht mehr kennen lernen.

## Drei Bier für den Klimawandel

Das Schwierigste an der Aufgabe, die Erderwärmung bei zwei Grad zu begrenzen, besteht darin, dass wir dafür unseren Lebenswandel ändern müssen. Manche meinen, das habe keinen Sinn, solange Brasilien, Russland, Indien, China, Südafrika (die sogenannten BRICS-Staaten) dem heutigen Lebensstil der Industrieländer nacheifern und damit die Treibhausgasemissionen weiter in die Höhe treiben. Natürlich kann man den Kampf gegen den Klimawandel vergessen, wenn er ausschließlich in Europa geführt wird. Doch ich halte das Argument schlichtweg für eine weitere Form von Verdrängung, um selbst nichts ändern zu müssen.

Selbst China ist in den letzten Jahren zur Erkenntnis gekommen, dass es keinen Sinn macht, den europäischen Weg einfach zu kopieren. „Wir haben seit 30 Jahren Wachstumsraten von über neun Prozent pro Jahr. Aber wir haben dafür einen hohen ökologischen Preis gezahlt. Wir wollen nicht die Fehler der entwickelten Länder wiederholen, mehr Umweltbewusstsein ist in unserem Interesse", meinte der chinesische Botschafter Shi Mingde in einem Interview mit der Tageszeitung *Der Standard* im Januar 2011. Beim Staatsbesuch von Chinas Präsident Hu Jintao in Wien im Oktober desselben

Jahres wiederholte der Botschafter seine Bedenken: „Wir müssen aufpassen, die Fehler Europas nicht zu wiederholen." Die an vielen Orten Chinas verbreitete Umweltverschmutzung und die Verknappung von Energieressourcen haben zu einem Umdenken geführt, das sich im 12. Fünfjahresplan (2011–2015) niederschlug. Der Energieverbrauch soll um ganze 16 Prozent gesenkt werden, der Anteil erneuerbarer Energie (inklusive Atomkraft) in fünf Jahren um mehr als drei Prozent steigen. Den Kohlendioxid-Ausstoß will die Regierung bis 2015 um 17 Prozent reduzieren. Wird das Tempo beibehalten, wird China sogar das Ziel der Europäischen Union übertreffen, die Treibhausgasemissionen bis zum Jahr 2020 um 20 Prozent zu senken. Auch in Brasilien, Indien und Südafrika wurden Gesetze erlassen, um die Senkung von Kohlendioxidemissionen durch den Ausbau erneuerbarer Energie voranzutreiben, wie im Kapitel „Die Energiewende hat begonnen" beschrieben wird.

Damit nimmt der Zug zunehmend in jenen Ländern Fahrt auf, wo man es nicht vermuten würde. Solarverpflichtungen in Brasilien und China, Solar-Billigkredite in Indien, Eine-Million-Solaranlagen-Programme in Südafrika lassen Europa zunehmend alt aussehen, wenn es um die Zuwachsraten bei erneuerbarer Energie geht. Wir könnten in wenigen Jahren den Anschluss verlieren, wenn die Energiewende in Europa ins Stocken gerät. Genau danach sieht es im Moment aus, was ein Grund für mich war, dieses Buch zu schreiben.

Es ist Europa, das mit Erfindungsreichtum und Leidenschaft seit den 1970er Jahren an der Nutzung von Sonne & Co arbeitet, um uns aus den Fesseln fossiler Energie zu befreien. Fast alle Technologien, die jetzt in den BRICS-Staaten eingesetzt werden, haben europäische Wurzeln. Wenn wir diesen Weg verlassen, verlieren wir nicht nur die Technologieführerschaft, sondern tragen auch dazu bei, dass sich der Klimawandel endgültig zur Langzeitkatastrophe auswächst. Den meisten Menschen ist das durchaus bewusst, wie Umfragen zeigen. Ich habe selbst viele Male erlebt, wie sich in einer gemütlichen Runde nach dem dritten Bier alle einig sind, dass es so nicht weitergeht und wir das Ruder herumreißen müssen. Die wenigsten fühlen sich allerdings berufen, den Anfang zu machen. Dabei ist das gar nicht notwendig. Wer jetzt beginnt, sein Leben klimabewusst einzurichten, ist bei weitem kein Vorreiter mehr, er ist bereits Teil einer Bewegung. Ökostrom boomt wie nie zuvor, mehr als eine Viertelmillion Haushalte in Österreich haben eine Solarwärmeanlage, jeder zweite Haushalt in der Hauptstadt Wien hat kein Auto. Jeder Mensch, der sich Klimaschutz zur Gewohnheit macht, schließt sich dieser Bewegung an und stärkt den Trend zu mehr Klimaschutz im Alltag.

# Das Ende des Ölzeitalters

„Wir haben 125 Jahre gebraucht, um die erste Billion
Barrel Öl zu verbrauchen. Die nächste Billion
werden wir in 30 Jahren schaffen."
*Inserat des amerikanischen Ölkonzerns Chevron*

„Wir sollten das Öl verlassen, bevor es uns verlässt."
*Fatih Birol, Chefökonom
der Internationalen Energieagentur*

Ich kann mich noch an das Entsetzen erinnern, welches die
Internationale Energieagentur IEA jedes Jahr aufs Neue unter
den Vertretern der erneuerbaren Energien auslöste. Seit ihrer
Gründung im Jahr 1974 hatte die IEA den Regierungen regelmäßig mitgeteilt, dass sie mit schier unendlichen Vorräten an
Öl, Gas und Kohle rechnen könnten. Von allem sei genug da
und dramatische Preissteigerungen seien auch in Zukunft
nicht zu erwarten. „The world is not running out of oil just
yet", war die gelassene Schlussfolgerung des *World Energy
Outlook* aus dem Jahr 2004. Der damalige Chef der IEA,

Claude Mandil, erwartete für das Jahr 2030 einen moderaten Erdölpreis von nicht mehr als 30 Dollar pro Barrel. Es gab auch keine Alternative, das Potenzial an erneuerbarer Energie sei einfach zu gering, hieß es in den Berichten. Die einzige Empfehlung der IEA war, rechtzeitig in Bohrtürme und Pipelines zu investieren, um die Versorgung mit Öl, Gas und Kohle zu sichern. Über Jahrzehnte war diese Haltung der IEA unverändert. Ich war frustriert und dachte, es würde immer so bleiben. Doch dann geschah etwas Unerwartetes.

## „World will face oil crunch in five years"

Die Jahrtausendwende brachte einen überraschenden wirtschaftlichen Aufschwung in China und Indien. Über Jahrzehnte hatten diese Länder nur die Rolle einer verlängerten Werkbank für Fabriken in den USA und Europa gespielt. Jetzt begannen sie, mit unglaublicher Geschwindigkeit zu neuen Mitspielern auf dem Weltmarkt aufzusteigen. Chinas Bruttoinlandsprodukt wuchs um zehn Prozent pro Jahr, ab dem Jahr 2002 begann der Energieverbrauch pro Kopf rasant zu steigen. In den führenden Industrienationen machte sich Nervosität breit. Setzte sich diese Entwicklung fort, würde die schiere Größe dieser Länder den weltweiten Handel mit Erdöl und Erdgas beeinflussen. Die steigende Nachfrage könnte den Preis in die Höhe treiben, sogar Engpässe in der Produktion wurden befürchtet. Energie könnte damit auch bei uns knapp und teuer werden, meinten die Experten. Die G8-Staaten, die acht größten Industrienationen der Welt, erkannten bald den Ernst der Lage. Im Jahr 2005 luden sie die Präsidenten großer Schwellenländer und internationaler

Organisationen wie der IEA zum Weltwirtschaftsgipfel in Gleneagles ein, um über alternative Energieszenarien zu diskutieren. Unter den Teilnehmern waren auch der chinesische Präsident Hu Jintao und der indische Premierminister Manmohan Singh. Ganz oben auf der Agenda stand die Frage, wie man eine zuverlässige und erschwingliche Energieversorgung künftig sichern könne. Würden die Ölpreise wegen des großen Bedarfs in China und Indien stark zu schwanken beginnen, wären weltweit alle Länder betroffen, war im Schlussdokument zu lesen. Das musste auf jeden Fall verhindert werden. Es wurde vereinbart, die Suche nach gemeinsamen Lösungen beim Gipfel in St. Petersburg im Jahr 2006 fortzusetzen.

Ich halte normalerweise nicht viel von Weltwirtschaftsgipfeln, wo sich die Mächtigen jedes Jahr treffen, um gemeinsam dafür zu sorgen, dass alles beim Alten bleibt. Doch diesmal schien das Treffen einen bleibenden Eindruck hinterlassen zu haben, zumindest bei den Vertretern der IEA. Der *World Energy Outlook 2006* warnte plötzlich vor der künftigen Gefährdung einer sicheren Energieversorgung zu leistbaren Preisen. Auch die Gefahr des Klimawandels durch den ungebremst steigenden Energieverbrauch wurden hervorgehoben. Im darauffolgenden Jahr kam die IEA im *Medium Term Oil Market*, einer regelmäßigen Analyse der weltweiten Lage des Ölmarkts, erstmals zu dem Schluss, dass die weltweite Ölproduktion seit zwei Jahren stagniere und nicht mehr ausgeweitet werden könne. Bis 2009 werde mit weiteren Rückgängen bei der Ölförderung gerechnet. Ein Ölpreis von 100 Dollar pro Barrel war aus Sicht der IEA innerhalb der nächsten zwölf Monate nicht mehr auszuschließen.

Tatsächlich kletterte der Ölpreis Ende 2007 kurzzeitig auf über 96 Dollar. Die Endlichkeit der Erdölvorräte, unter dem englischen Begriff „Peak Oil" in Fachkreisen bekannt, wurde zum ersten Mal Hauptgesprächsthema an den Ölmärkten. Selbst die konservative *Financial Times* titelte „World will face oil crunch in five years". Für das Jahr 2015 wurde sogar ein Preis von 150 Dollar für ein Fass Rohöl prophezeit. Zehn Jahre davor wäre eine solche Prognose der IEA noch völlig undenkbar gewesen. Die Erkenntnis, dass wir unmöglich so weitermachen können wie bisher, war in den Köpfen angekommen.

## Die alten Werte haben keine Zukunft

„Das Weltenergiesystem steht an einem Scheideweg. Die derzeitigen weltweiten Trends von Energieversorgung und -verbrauch sind eindeutig nicht zukunftsfähig, weder in ökologischer noch in wirtschaftlicher oder sozialer Hinsicht. Das kann jedoch – und muss auch – geändert werden. Noch ist Zeit für einen Kurswechsel. Es ist keine Übertreibung zu behaupten, dass das zukünftige Wohlergehen der Menschheit davon abhängt, ob es uns gelingt, die zwei zentralen Herausforderungen zu bewältigen, vor denen wir heute stehen: Sicherung einer verlässlichen und erschwinglichen Energieversorgung und rasche Umstellung auf ein kohlendioxidarmes, leistungsfähiges und umweltschonendes Energiesystem. Dazu braucht es nichts Geringeres als eine Energierevolution." Dieses Zitat stammt nicht aus einer Publikation von Greenpeace, wie Sie vielleicht denken. Es ist die Einleitung des *World Energy Outlook 2008*, die damals alle überraschte. Die IEA, der jahrzehntelange Beschwichtiger in Energiefragen, sprach von der Notwendigkeit einer Energierevolution! Die dramatische Kehrtwendung dieses mächtigen Think Tank schlug beachtliche Wellen. Die Aussage des IEA-Chefökonomen Fatih Birol „We must leave oil before it leaves us" ging um die Welt, laut Google wurde sie mehr als elf Millionen Mal zitiert.

Von da an wurden die Warnungen des jährlichen Welt-Energieausblicks immer dramatischer. Vier Wochen vor der Weltklimakonferenz in Kopenhagen im Jahr 2009 lieferte die IEA erneut alarmierende Daten zur Klimaerwärmung. Bei weiterhin steigenden Kohlendioxidemissionen würde die Welt auf eine Erwärmung von sechs Grad zusteuern, viele Inseln und Küstenstädte würden dann von der Landkarte verschwinden. Um das zu verhindern, forderte die Agentur erneut eine sofortige Energierevolution. Der weltweite Umbau der Energieversorgung würde zwar viele Milliarden verschlingen, sich aber rasch durch niedrigere Energieausgaben rechnen, war sie überzeugt. Birol drängte die Regierungen, nicht mehr zu warten, sondern zu handeln: „Each year of delay before moving to a more sustainable emissions path would add around 500 billion dollar to the global investment cost of delivering the required energy revolution." Jedes verlorene Jahr für mehr Energiesicherheit und Klimaschutz kostet weltweit die unvorstellbare Summe von 500 Milliarden Dollar!

Bei der Präsentation des *World Energy Outlook 2011* forderte Birol erneut, die Ärmel aufzukrempeln und das Tempo zu erhöhen. „Ohne rasche Energiewende gibt es in Zukunft keine Energiesicherheit", machte er deutlich. Die IEA hatte nämlich errechnet, mit welch gigantischen Summen fossile Brennstoffe nach wie vor öffentlich gefördert werden, entgegen aller Klimaschutzvereinbarungen. Im Jahr 2010 wurden weltweit über 400 Milliarden Dollar an öffentlichen Geldern dafür ausgegeben, den Preis für Öl, Gas, Kohle und Atomenergie künstlich niedrig zu halten. Das ist mehr als das gesamte Bruttoinlandsprodukt von Österreich. Gemeinsam mit der OECD forderte die IEA daher einen weltweiten Stopp der Subventionspolitik für fossile Brennstoffe. Ein Beispiel sind Milliardenkredite zu niedrigen Zinsen für den Bau einer Ölplattform oder eines Atomkraftwerkes. Diese Gelder werden von der Weltbank, der europäischen Entwicklungsbank EBRD oder der Europäischen Investitionsbank EIB vergeben. Für diese Banken haften jene Nationen, welche die Bank gegründet haben. Bei der EBRD sind das 64 Staaten und die Europäische Union. Mit dieser soliden staatlichen Haftung im Rücken sind auch Privatbanken bereit, in riskante Großprojekte zu investieren. Erst dadurch wird es möglich, die gigantischen Geldmengen aufzustellen, die fossile und atomare Großprojekte verschlingen. Sollte das Projekt scheitern, würden als erstes die staatlichen Banken draufzahlen, was das Risiko der Privatbanken reduziert. Würden die staatlichen Großbanken diese geförderten Kredite nicht vergeben, gäbe es keine einzige neue Ölpipeline und kein neues Atomkraftwerk.

Die EBRD ist sich dieser Tatsache durchaus bewusst und startete daher im Jahr 2006 eine *Sustainable Energy Initiative*, die SEI. Damit sollen auch Projekte für Energieeffizienz und erneuerbare Energie in Osteuropa in den Genuss günstiger Kredite kommen. Mit dezentralen Kleinprojekten kann die EBRD jedoch wenig anfangen. Jedes fünfte geförderte Projekt hat ein Investitionsvolumen zwischen 100 und 300 Millionen

Euro, nur eines von zehn Projekten liegt unter acht Millionen Euro. Eine solarthermische Anlage müsste dafür mindestens 30.000 Quadratmeter Kollektorfläche aufweisen, so viel wie Europas größte Anlage auf der dänischen Insel Ærø. Auch die EIB bevorzugt Großprojekte wie den Hochsee-Windpark BARD Offshore 1, 110 Kilometer vor der deutschen Küste. Drei Jahre lang wurde an der Errichtung der 80 Windkraftanlagen von jeweils fünf Megawatt gearbeitet, seit September 2013 ist der gesamte Windpark in Betrieb und liefert soviel Leistung wie ein Kohlekraftwerk. Die Hausbank der Europäischen Union übernahm die Hälfte der Projektkosten von einer Milliarde Euro zu besonders günstigen Zinsen. Erst mit dieser finanziellen Vertrauensbasis konnten 15 weitere Geschäftsbanken überzeugt werden, Kredite über die verbleibenden 500 Millionen Euro zu gewähren.

Die Finanzierung von Megaprojekten könnte sich jedoch als Falle für die Energiewende erweisen, die sie wieder in alte, eingefahrene Bahnen der Energieversorgung zwingt. Windparks auf hoher See erfordern finanzstarke Investoren und Stromautobahnen durchs ganze Land, sie passen wunderbar ins Geschäftsmodell der klassischen Energieversorger. Die Energiewende wurde bislang jedoch vor allem von privaten Investoren vorangetrieben, die sich lokal vorhandene Energiequellen zunutze machten. „Weil der Energiewechsel schnell gehen muss, kann er nicht von denjenigen abhängig gemacht werden, die ein wirtschaftliches Eigeninteresse an seiner Verlangsamung haben", brachte es Solarpionier Hermann Scheer auf den Punkt. Fördern die Großbanken bei erneuerbarer Energie den Aufbau zentraler Strukturen, wird die Energiewende jenen überlassen, denen sie bisher schon zu schnell gegangen ist. Umso wichtiger ist es, die Finanzkraft der Energiewende von unten zu stärken, um regionale Aktivitäten zu beschleunigen. Eine andere Form der Subvention, die Fatih Birol anprangerte, waren Gelder aus öffentlichen Katastrophenfonds bei Pipelineschäden, Tankerunglücken oder Reaktorunfällen. Müssten die Konzerne das volle wirtschaftliche Risiko für alle Schäden selbst übernehmen, wären Öl, Gas, Kohle und Atomenergie unrentabel und könnten schon länger nicht mehr mit erneuerbarer Energie konkurrieren. Keine Versicherung auf der ganzen Welt ist bereit, Risiken wie einen Atomkraftwerksunfall zu versichern. Warum sind wir dann als Gesellschaft dazu bereit? Ist uns Energie aus fossilen und atomaren Quellen so wichtig, dass wir jeden Preis dafür zahlen, jedes Risiko auf uns nehmen?

Ich glaube, es ist allein die Macht der Gewohnheit, die es uns so schwer macht, von diesen Risikotechnologien loszukommen. Es ist eine menschliche Eigenheit, notwendige Veränderungen oft so lange zu verdrängen, bis es nicht mehr anders geht. Ich habe das bereits im vorhergehenden Kapitel behandelt, wo es um die Verdrängung des Klimawandels ging. Wenn man dann endlich handelt, kann es manchmal aber bereits zu spät sein, meint der Evolutionsbiologe Jared Diamond. In seinem Buch *Kollaps* beschäftigt er sich mit der Frage, welche Bedingungen darüber entscheiden, ob Gesellschaften überleben oder untergehen. Warum sind die Völker der Maya und Wikinger zugrunde gegangen, während sich jene auf Island und Neuguinea trotz widriger Umstände seit Tausenden von Jahren behaupten? In seiner Analyse vergangener Kulturen fand Diamond eine universelle Ursache des Scheiterns, die auch heute noch zu gelten scheint: „Die Werte, an denen die Menschen unter ungeeigneten Bedingungen am hartnäckigsten festhalten, sind genau jene, durch die sie zuvor ihre größten Triumphe über widrige Umstände gefeiert haben."

Unser größter Triumph war die Überwindung des Mangels an geheizten Wohnungen, ausreichender Ernährung und geeigneten Transportmitteln. Mit den Energiequellen Öl, Gas, Kohle und Atomenergie konnten wir über Jahrzehnte einen enormen Wohlstand aufbauen, um den uns der Rest der Welt beneidet. Die Bauarbeiter eines Staudammes, der ein unberührtes Tal mitten in den österreichischen Alpen überflutete, um Strom zu gewinnen, wurden zu Volkshelden stilisiert. „Die Helden von Kaprun", nach dem Ort der Errichtung benannt, wurden in Büchern und Filmen verehrt. Die Zentralheizung mit Öl oder Gas bot einen nie dagewesenen Komfort, alle Räume angenehm warm zu haben, ohne Kohlestaub einzuatmen oder Holz nachlegen zu müssen. Auto, Kühlschrank und Fernseher waren Zeichen dafür, dass selbst Arbeiter und einfache Angestellte am allgemeinen Aufstieg und Wohlstand teilhaben konnten. Zwei Generationen sind mit diesen Werten aufgewachsen, unsere Eltern und wir selbst.

In den letzten 20 Jahren hat sich die Situation allerdings entscheidend geändert. Die fossilen Energien neigen sich dem Ende zu und die durch sie erzeugten Emissionen beschleunigen einen Klimawandel, der unseren Lebensraum zerstört. Der gewohnte Weg führt nicht mehr weiter, die alten Werte bieten keine Zukunft mehr. Dennoch halten wir hartnäckig an der Abhängigkeit von Öl und Gas fest, als ob wir diesen Weg noch ewig weitergehen könnten. Der Rückblick auf vergangene Zivilisationen, den Jared Diamond unternommen hat, zeigt, dass wir damit ein ähnliches Schicksal wie die Gesellschaften der Osterinsel, der Maya und der Wikinger erleiden könnten.

Warum sind diese Kulturen zusammengebrochen und verschwunden? Diamond sieht den Grund darin, dass die Menschen trotz dramatischer Veränderung ihrer Lebensbedingungen hartnäckig an gewohnten Meinungen, Erfahrungen und Ritualen festhielten. Die Wikinger beispielsweise, die im 9. Jahrhundert Island besiedelten, kamen aus Norwegen und Großbritannien, wo sie schwere und lehmige Böden gewohnt waren. Solche Böden halten selbst dann der Erosion stand, wenn man ihnen die Pflanzendecke entzieht. Der isländische Boden war jedoch durch Wind entstanden, der die leichte Asche von Vulkanausbrüchen über die Insel verteilte. Als die Wikinger begannen, Wälder zu roden, um Weiden für ihr Vieh zu schaffen, war der leichte Boden erneut dem Wind ausgesetzt. Er wurde einfach weggeweht und ein Großteil der fruchtbaren Erde verschwand. Die Wikinger betrieben Raubbau an jenen ökologischen Ressourcen, die ihnen das Überleben sicherten. Nach 450 Jahren hatten sie endgültig jegliche Lebensgrundlage zerstört. Die letzten Wikinger verhungerten und erfroren, wie die Archäologen herausfanden. Es war schlichtweg nichts mehr vorhanden.

Ich hoffe, dass wir schlauer sein werden. Unser Glück ist vielleicht, dass wir nicht seit vielen Generationen am Ast sägen, auf dem wir sitzen, sondern erst seit 100 Jahren. Ich gehöre zur zweiten Generation des Erdölzeitalters, meine Eltern zur ersten. Meine Großmutter Franziska Hackstock, geboren im Jahr 1906, wuchs noch ohne Öl- oder Gasheizung auf, ohne Auto und nur mit spärlicher Elektrizität. In ihrer

Kindheit spielten Öl und Gas als Energieträger keine Rolle, Atomkraft war noch nicht erfunden. Auf den Straßen fuhren Fuhrwerke, die von Pferden gezogen wurden. Es gab kaum Autos, dafür aber bereits die ersten Unfälle. Ein Freund zeigte mir einmal stolz eine vergilbte Postkarte vom ersten Autounfall vor über 100 Jahren in seiner niederösterreichischen Heimatstadt Ybbs an der Donau. Die einzigen beiden Fahrzeuge im Ort hatten es geschafft, an einer Kreuzung zusammenzukrachen. Geheizt wurde damals mit Holz oder Kohle, Licht spendeten auf dem Land meist Petroleumlampen und Kerzen. Ich erzähle in Vorträgen gern die Geschichte meiner Großmutter, weil sie zeigt, wie lächerlich es ist, wenn wir denken, die Welt war immer so, wie wir sie heute kennen und lieben. Als Franziska zur Welt kam, spielten die fossilen Energieträger noch keine Rolle. Als sie 1995 starb, waren diese bereits allgegenwärtig. In nur einer Lebensspanne entwickelte sich Öl und Gas von einer unbedeutenden Randerscheinung zur dominanten Größe unserer Energieversorgung. Eine solch dramatische Veränderung ist für unsere Eltern und meine Generation nahezu unvorstellbar. Doch unsere Kinder werden in ihrer Lebensspanne erneut einen solchen Wandel erleben.

Wenn ich vor Schulklassen diese Geschichte erzähle, sage ich immer: „Ihr habt ein spannendes Leben vor euch, wenn ihr mal alte Opas und Omas seid, wird es Erdöl nur mehr in Buntstiften und Medikamenten geben. Jetzt sind Öl und Gas allgegenwärtig, wenn ihr alt seid, werden sie aber im Vergleich zu heute keine Rolle mehr spielen, stellt euch das mal vor! Keiner wird dann mehr damit heizen oder herumfahren, außer er ist vielleicht Millionär."

Interessant ist, dass die meisten Menschen hinter der Energiewende stehen, wie alle Umfragen der letzten Jahre zeigen. Auch die aktuellste Befragung des deutschen Meinungsforschungsinstituts forsa im August 2013 kam zum Ergebnis, dass 80 Prozent der Bevölkerung für einen generellen Umstieg auf erneuerbare Energie sind. Die Frage ist, ob wir rechtzeitig die Macht der Gewohnheit überwinden und eingefahrene Bahnen verlassen, bevor es ungemütlich wird. Dieses Buch soll dazu Mut machen und zeigen, dass wir unser Schicksal selbst in die Hand nehmen können. Ich bin überzeugt, wir werden uns in einigen Jahrzehnten wundern, wie gut es uns mit der kohlenstofffreien Energieversorgung geht und wie absurd die vehementen Widerstände gegen den Wandel waren. Es ist wie bei der Errichtung neuer Fußgängerzonen in der Stadt. Zuerst prophezeien die Geschäftsleute den wirtschaftlichen Niedergang ganzer Straßenzüge, mit allen Mitteln wird versucht, das Gewohnte aufrecht zu erhalten. Protestversammlungen werden abgehalten, Petitionen unterzeichnet, die Medien gegen das Projekt aufgebracht. Gelingt schließlich die Umsetzung, stellt sich die Maßnahme Jahre später als Segen heraus. Die Umsätze der Geschäfte steigen, Gastgärten laden zum Pausieren ein, die neue Fußgängerzone ist zu einem Gewinn an Lebensqualität geworden. Ein Rückbau ist dann plötzlich unvorstellbar, er würde auf massiven Protest der Anrainer stoßen. Versuchen Sie einmal, eine Bürgerinitiative zum Rückbau der Fußgängerzone in der Wiener Kärntner Straße zu starten. Die Geschäftsleute werden Ihre ersten Gegner sein.

## Wer kann sich das noch leisten?

Weltweit werden acht Prozent der Staatseinnahmen dafür ausgegeben, Öl, Kohle und Gas billig zu halten, wie der Internationale Währungsfonds IWF im Jahr 2013 errechnete. Die Staaten mit den höchsten Subventionen geben bis zu einem Drittel des Bruttoinlandsprodukts dafür aus, ihren Bürgern das Tanken und Heizen zu verbilligen, statt in Schulen und Krankenhäuser zu investieren. Ein paar Beispiele: Im Iran zahlen die Verbraucher nur 15 Prozent des Marktpreises für fossile Energie und Elektrizität. In Saudi-Arabien ist Benzin so billig wie nirgendwo sonst auf der Welt. In Russland erhält der Energieriese Gazprom großzügige Steuervergünstigungen, um die Energiepreise für Bürger und Betriebe künstlich niedrig zu halten. In den USA wurde die Steuer auf Treibstoffe seit dem Jahr 1993 nicht mehr erhöht, sie hat damit 40 Prozent an Wert verloren und ist der Hauptgrund, warum Autofahren in Amerika so billig ist.

Auch in Österreich findet seit vielen Jahren eine Quersubventionierung für die fossile Energiewirtschaft aus den Sozialbudgets statt. Eine Viertel Million Menschen kann es sich wegen steigender Energiepreise nicht mehr leisten, die Wohnung ordentlich zu heizen, stellten Arbeiterkammer und Caritas Österreich im Jahr 2011 fest. Sie erhalten daher einen Heizkostenzuschuss, der aus dem Sozialbudget gezahlt wird. Bei steigenden Preisen für Öl und Gas braucht es aber immer höhere Zahlungen, um den Menschen helfen zu können. Reichten im Jahr 2006 noch 15 Millionen Euro dafür aus, mussten 2011 bereits 30 Millionen aus dem Sozialbudget abgezweigt werden. Mittlerweile sind 180.000 Haushalte auf diese Unterstützung angewiesen, wie der Verband Austria

Solar ermittelte. Wenn wir immer mehr fürs Heizen ausgeben, fehlt das Geld beim Einkauf, in der Freizeit, im Urlaub und beim Sparen auf der Bank. Gut, Banken haben sich mittlerweile auch als erprobte Geldvernichter erwiesen. Aber eine Familie, die 3000 Liter Heizöl pro Jahr verbraucht, musste seit 2009 jedes Jahr durchschnittlich 370 Euro mehr auf den Tisch legen, um den Öltank zu füllen. Wann wird die Familie anfangen müssen, beim Einkauf im Supermarkt zu sparen, um es zu Hause warm zu haben? Dann wird es jedenfalls ungemütlich, nicht nur für die Bürger, sondern auch für Politiker.

Schon einmal sind massenhaft Menschen auf die Straße gegangen, um gegen hohe Ölpreise zu protestieren. Ein paar aufgebrachte englische Bauern und Spediteure lösten im September 2005 eine landesweite Protestwelle aus, die ganz England kurzzeitig ins Chaos stürzte. Alle wichtigen Ölraffinerien und Treibstoffdepots des Landes wurden blockiert, zwei Drittel der 8000 Tankstellen mussten schließen. In der Millionenstadt London ging kurzfristig das Benzin aus. Auch in Deutschland und Frankreich fuhren Lastkraftwagenfahrer, Busunternehmer und Taxifahrer vor dem Parlament auf, in Belgien sperrten sie die Brüsseler Innenstadt. Die Ölkonzerne BP und Shell mussten rasch ein paar Tankladungen zu Tausenden Zapfsäulen liefern, um die kochende Volksseele zu beruhigen. Die Ursache des Preisanstieges war ein Ölpreishoch bei gleichzeitiger Schwäche des Euro gegenüber dem Dollar. Dieselben Ursachen führten im Sommer 2012 zu Rekordpreisen an den Zapfsäulen, wo erneut lauthals über den „Spritpreis-Wahnsinn" gewettert wurde. Diesmal wurde aber keine Raffinerie gestürmt, sondern eine Tankstelle in Niederösterreich. Sie hatte für zwei Stunden eine „90 Cent

Happy Hour" ausgerufen und verkaufte Benzin damit um satte 40 Prozent unter dem Marktpreis. Erdöl ist seit fast zehn Jahren zur unberechenbarsten aller Energiequellen geworden. Im Jahr 2008 stieg der Preis für Rohöl in sechs Monaten von 96 auf 146 Dollar pro Barrel, um bis Jahresende wieder auf 40 Dollar zu fallen. Welcher Betrieb kann da noch seriös seine Energieausgaben kalkulieren? Vor zehn Jahren lag der Weltmarktpreis für ein Barrel Rohöl ganzjährig unter 30 Dollar. Im Jahr 2011 lag er konstant über hundert Dollar, eine Verdreifachung in zehn Jahren. Wer sich ein Bild der Rohölpreise der letzten Jahre machen möchte, dem empfehle ich die sehr anschauliche, animierte Grafik eines Herstellers von Öltankanzeigern im Internet (www.tecson.de/oelweltmarkt.html). Immer wieder sitze ich staunend vor den bunten Linien, die Jahr für Jahr unaufhörlich nach oben wandern. Wo soll das enden? Wie lange können wir uns das noch leisten? Und die wichtigste Frage: Wollen wir das überhaupt? Wenn ja, wären wir ganz schön verrückt, wie uns die IEA seit Jahren erklärt. Denn es geht in Wahrheit nicht nur um steigende Energiepreise, es geht künftig um nationale Sicherheit, staatliche Souveränität und eine sichere Zukunft für unsere Energieversorgung. Und das ist keine Übertreibung, wie Sie im nächsten Kapitel feststellen werden.

## Last Exit: Schieferöl und Schiefergas

Die unterirdischen Vorkommen an Öl und Gas sind bald erschöpft, das ist auch den Managern der Erdölkonzerne klar. „Shell schätzt, dass nach 2015 die Versorgung mit leicht zugänglichem Öl der Nachfrage nicht mehr folgen können wird ", erklärte Jeroen van der Veer im Jahr 2008, damals CEO von Royal Dutch Shell. Bei Rohölpreisen über 100 Dollar pro Barrel wird aber ein Ausweg interessant, an den sich die fossile Energiewirtschaft klammert wie an einen Strohhalm. Schon länger ist bekannt, dass in Sanden und Gesteinsschichten große Mengen Öl und Gas gebunden sind, an die man jedoch aus Kostengründen bisher nicht herankam.

Um das Öl und Gas herauszulösen, braucht es jede Menge Landfläche, Chemikalien und Energie. Im Jahr 1998 wurden in den USA erste Versuche gestartet, in Tausenden Metern Tiefe Gas chemisch aus dem Gestein zu lösen und an die Oberfläche zu pumpen. Dieses sogenannte Schiefergas trug 2010 bereits etwa zu einem Viertel zur gesamten Gasförderung des Landes bei. Ob es tatsächlich so leicht und billig war, das in großen Tiefen gebundene Gas an die Oberfläche zu bringen, wie die Gaskonzerne behaupten, wurde im Jahr 2011 von der *New York Times* in Frage gestellt. Dem Redakteur Ian Urbina waren Hunderte Mails und interne Dokumente zugespielt worden, die ein wenig rosiges Bild der Wirtschaftlichkeit zeichneten. Bei 10.000 Bohrlöchern waren nur einige wenige Bohrungen ergiebig, der Rest waren große Gebiete unproduktiver Bohrlöcher, die mehr finanziellen Aufwand zur Förderung benötigten, als das geförderte Gas wert war. Auch im Nachbarland Kanada wurden Tausende Löcher gebohrt, ohne dass man fündig wurde.

Die Suche nach Ölsanden war erfolgreicher. Um sie aus dem Boden zu holen, mussten riesige Landstriche in Mondlandschaften verwandelt werden, die Landschaftszerstörung ist mittlerweile auf Satellitenbildern gut zu erkennen. Der Widerstand der Bevölkerung dagegen war bisher gering, da die Förderung weitgehend in den unbesiedelten Gebieten des Landes stattfand. Die Ölvorkommen in Kanada sind enorm, nach Saudi-Arabien und Venezuela sind sie die drittgrößte Ölreserve der Welt. Im Jahr 2001 wurde mit dem kommerziellen Abbau begonnen, drei Jahre später wurden bereits eine Million Barrel täglich aus dem Boden geholt. Mittlerweile stammt mehr als die Hälfte der kanadischen Ölförderung aus Ölsanden.

Die Regierung in Ottawa nützt die starke wirtschaftliche Beziehung mit den USA, um den Großteil des schwarzen Goldes auf diesem Markt abzusetzen. „Our resource is secure and comes from a friendly neighbour", wird in den Broschüren betont, die um Investoren aus dem Nachbarland werben. Der amerikanischen Regierung wird vorgerechnet, dass es volkswirtschaftlich lukrativ sei, in die kanadische Ölsandförderung zu investieren: „For every two oil sand jobs created in Canada, one job will be created in the U.S." Als Beweis wird auf die mehr als 1000 US-amerikanischen Firmen verwiesen, die als Zulieferer für die kanadische Ölsandindustrie tätig sind. Beide Länder sind offenbar der festen Überzeugung, auf Kosten der Umwelt das fossile Zeitalter noch um Jahrzehnte verlängern zu können. Die Frage ist, ob die Bevölkerung mitspielt, wenn die Förderung von Ölsanden und Schiefergas langsam in bewohnte Gebiete vordringt.

## Augenjucken, Halskratzen und Nasenbluten

Außerhalb der USA werden auch in Frankreich, Deutschland und Polen große Vorkommen an Schiefergas vermutet. In Österreich verlautbarte der Energiekonzern OMV im November 2011 auf ein „gewaltiges Gasfeld" in Niederösterreich gestoßen zu sein. Gemeint war Schiefergas, das in Löchern und Spalten in 4000 bis 10.000 Metern Tiefe im Gestein gefangen ist. Um es zu gewinnen, muss das Gestein mit Hilfe von künstlichem Druck aufgesprengt werden, damit Risse entstehen, aus denen das Gas entweichen kann. Über mehrere Quadratkilometer verteilt, werden dafür Hunderte Bohrköpfe in die Tiefe gerammt. In die Bohrlöcher wird ein Gemisch aus Wasser, Sand und Chemikalien gepumpt, um das Gas aus den Löchern und Spalten herauszulösen. Diese Methode nennt man Hydraulic Fracturing oder kurz Fracking (im Englischen heißt „to fracture" soviel wie „aufbrechen" oder „aufreißen"). Eine einfache, verständliche Animation, wie das funktioniert, findet man auf YouTube unter „Wirtschaft-aktuell-Dossier: Fracking". Als Chemikalien werden Biozide verwendet, das sind giftige, krebserregende Substanzen, die die Algenbildung in den Bohrlöchern verhindern sollen. Die Mengen an verwendeten Chemikalien sind enorm, pro Bohrloch werden bis zu 30 Tonnen davon benötigt. Die Flüssigkeit aus den Bohrlöchern muss anschließend als Sondermüll entsorgt werden, da sie neben Bioziden auch radioaktives Radium enthält, das aus den Tiefen mit nach oben kommt. Wie man sich vorstellen kann, darf die Flüssigkeit in den Bohrlöchern auf gar keinen Fall mit Grundwasser in Kontakt kommen. Da Gesteinsschichten über Tausende Meter durchbohrt werden, kann man das aber nicht verhindern.

Was dann passieren kann, hat der US-amerikanische Dokumentarfilmer Josh Foy im Film „Gasland" eindrucksvoll festgehalten. Im Mai 2008 hatte ihm eine Firma 100.000 Dollar dafür geboten, auf seinem Grundstück Gasvorkommen mittels Fracking zu erschließen. Der Filmemacher hatte keine Ahnung, was das bedeutet, wurde aber neugierig und begann zu recherchieren. Er besuchte Gegenden in den USA, wo seit mindestens zehn Jahren mit dieser Methode Gas gewonnen wurde. Bei einem Interview in einem Privathaushalt ereignete sich die mittlerweile berühmte Szene, bei der sich im rinnenden Wasserhahn durch entweichendes Gas plötzlich Feuer entzündete. Auf YouTube ist sie unter dem Titel „Can you do this with your tap water?" zu finden, über eine halbe Million Menschen haben sie bereits gesehen. Foys Film machte die Folgen von Fracking auf die Gesundheit der Menschen erstmals öffentlich bekannt und wurde im April 2010 sogar im US-Kongress diskutiert.

Was es heißt, in der Nähe von Förderanlagen für Schiefergas zu leben, macht auch das Beispiel der texanischen Kleinstadt Dish deutlich. Der kleine Ort mit 220 Einwohnern liegt im Herzen des „Barnett Shale", eines der ergiebigsten Erdgasfelder der Welt. Einige Monate nach Inbetriebnahme der Förderanlage stellten die Bewohner unangenehme Gerüche fest, die durch die Ortschaft wehten. Der Bürgermeister Calvin Tillman, dessen Haus 300 Meter neben einer Aufbereitungsanlage stand, vermutete einen Zusammenhang und ließ die Luftqualität im Ort untersuchen. Tatsächlich wurden 16 Chemikalien gemessen, die die vorgeschriebenen Grenzwerte bei weitem überschritten. Die Luft enthielt sogar leicht entflammbares Benzol, in der 55-fachen Menge des vorgeschriebenen Limits.

Auf einer Tagung im Februar 2012 in Wien berichtete Tillman wie die Gesundheit seiner Kinder darunter zu leiden begann. Immer wieder wurde er von den Söhnen in der Nacht geweckt, weil sie husteten und aus der Nase bluteten. Als er erfuhr, dass Nasenbluten durch giftige Dämpfe zu den Vorboten von Leukämie zählt, beschloss er, seinen Job als Bürgermeister aufzugeben und die Stadt Dish zu verlassen. Seine Entscheidung wurde durch eine Befragung der Bürger bestärkt, die aufzeigte, dass bereits die Hälfte unter ständigem Augenjucken, Halskratzen und Nasenbluten litt. Die Familie zog nach Aubrey, eine von Pferdefarmen umgebene Stadt mit 1500 Einwohnern, etwa 30 Meilen von Dish entfernt.

Die Situation für die Bewohner von Dish ist indes bis heute unverändert. Der neue Bürgermeister Bill Sciscoe gab in einem Interview im Mai 2012 allen Menschen, die in der Nähe von geplanten Schiefergasbohrungen leben, den Rat: „Run. Run as fast as you can. Grab up your family and your belongings, and get out. "

# Machtspiele um Energie

„The question of power is the question of power."
*Wer die Energie hat, hat die Macht*

Ich war 18 Jahre alt, als ich zum ersten Mal den Gefangenenchor aus der Oper *Nabucco* hörte. Ein Freund hatte mir eine Kassette mit Highlights aus der klassischen Musik geschenkt, wo auch der gewaltige Chorsatz im dritten Akt dieser Verdi-Oper zu hören war. In langsamen, getragenen Versen beklagen die in Babylonien gefangenen Hebräer, dass sie ihr schönes Heimatland verloren haben, und rufen Gott um Hilfe an. Ich war schwer beeindruckt, solche Musik hatte ich nie zuvor gehört. Dennoch wäre ich nie auf die Idee gekommen, dass die Oper einmal eine Rolle in der europäischen Energiepolitik spielen könnte.

Es war im Jahr 2002, als der damalige Generaldirektor des österreichischen Ölkonzerns OMV, Wolfgang Ruttenstorfer, vorschlug, eine Gaspipeline von Österreich nach Aserbaidschan zu legen, um die reichlichen Gasvorkommen in diesem Land anzuzapfen. Er lud Energiekonzerne aus Ungarn, Rumänien, Bulgarien und der Türkei nach Wien ein, um sie für dieses ehrgeizige Projekt zu gewinnen. Durch diese Länder musste die Leitung nämlich führen, um vom Kaspischen Meer bis an die Grenze Österreichs zu gelangen. Als Abendprogramm lud Ruttensdorfer die Gäste zu einer Aufführung in die Wiener Staatsoper. Beim anschließenden Abendessen wurde beschlossen, das gemeinsame Projekt nach jener Oper zu benennen, die sie zuvor gesehen hatten: Nabucco. Ich vermute, der Gefangenenchor, der die Sehnsucht besingt („Va, pensiero, sull'ali dorate"), hat sie so wie mich in ihren Bann gezogen. In ihrem Fall war es die Sehnsucht nach einem Projekt, das bei seiner Verwirklichung über Jahrzehnte traumhafte Renditen versprach.

## Fossile Energie ist Chefsache

Eine 3900 Kilometer lange Gaspipeline, welche die Gasquellen in Aserbaidschan mit dem Erdgasknoten im niederösterreichischen Baumgarten verbindet, ist keine normale Industrieinvestition. Ein solches Vorhaben braucht massive politische Unterstützung, um die betroffenen Länder für eine Kooperation zu gewinnen. Die Energiekonzerne allein können das nicht leisten. Sie brauchen die Unterstützung von Spitzenpolitikern wie dem österreichischen Bundespräsidenten, der die aserbaidschanische Hauptstadt Baku im Oktober 2011 besuchte. „Unsere Beziehungen befinden sich auf sehr hohem Niveau", meinte Präsident Heinz Fischer, als er mit Freude die fast vier Meter hohe Mozart-Statue aus Bronze im eigens dafür angelegten Park enthüllte.

Fischer war jedoch nicht allein wegen der Statue angereist. Sein erster offizieller Besuch in Aserbaidschan hatte vor allem ein Thema: Nabucco. An dem Staatsbesuch nahmen auch OMV-Chef Gerhard Roiss und andere führende österreichische Industrielle teil. Roiss nutzte die günstige Gelegenheit, um mit der Staatlichen Erdölgesellschaft Socar eine Vereinbarung zu unterzeichnen. Die OMV sicherte sich damit den Zugang zu einem der größten Gasfelder der Erde, dem Shah-Deniz-Gasfeld in Aserbaidschan, welches in Zukunft die Nabucco-Pipeline speisen sollte.

Für den Transport des Gases durch Osteuropa und die Türkei waren bereits zwei Jahre davor die notwendigen Weichen gestellt worden. Bundeskanzler Faymann und Wirtschaftsminister Mitterlehner reisten mehrere Male in die türkische Hauptstadt Ankara, um dem Pipelineprojekt politisch den Weg zu ebnen. Mehr als 1000 Kilometer sollten durch die Türkei führen, die mit der Europäischen Union seit Jahren Beitrittsverhandlungen führt und Nabucco als eine Art Faustpfand ansah. Die Verhandlungen waren zäh und langwierig, im Sommer 2009 schien jedoch endlich der Durchbruch geschafft. „Nabucco schafft mehr Versorgungssicherheit", verkündete der Wirtschaftsminister selbstbewusst, als er das Regierungsabkommen mit Bulgarien, Rumänien, Ungarn und der Türkei in Ankara unterzeichnete. Das Engagement der Spitzenpolitiker hatte sich gelohnt, der lange Weg durch alle Länder war für die Pipeline frei.

Viele Jahre war Nabucco oberste Priorität der heimischen Energiepolitik gewesen, für kein Projekt der Energiewende hat es jemals eine derart massive Unterstützung der Politik gegeben. Dabei sollte die Pipeline in Zukunft große Mengen an Erdgas liefern, die Österreich gar nicht braucht. Ein Jahr nach dem Abkommen von Ankara präsentierten Wirtschaftsminister Mitterlehner und Umweltminister Berlakovich eine „Energiestrategie Österreich", die von einem sinkenden Erdgasverbrauch bis zum Jahr 2020 ausging. Im Jahr 2011 präsentierte der Umweltminister eine weitere Studie zur Energieversorgung, die bis ins Jahr 2050 reichte. Auch sie zeigte, dass die Zukunft nicht am Kaspischen Meer, sondern im eigenen Land liegt, wo enorme ungenutzte Energiequellen schlummern. „Wir haben keine Alternative", stellte der Minister bei der Präsentation mit ernster Miene klar. „Die wachsende Abhängigkeit von Energielieferungen aus dem Ausland und der Klimaschutz zwingen Österreich zu handeln. Die Antwort lautet Energieautarkie." Dieser klare Widerspruch zu Nabucco brachte ihm eine Menge hämische Kritik ein, vor allem von jenen Ministerkollegen, die sich jahrelang für die Pipeline stark gemacht hatten.

Im selben Jahr erschienen zwei weitere Studien, die ebenfalls zum Ergebnis kamen, dass eine Versorgung Österreichs ausschließlich mit heimischen erneuerbaren Energieträgern bis 2050 möglich sei. Eine davon hatte der Energieversorger EVN gemeinsam mit der Gewerkschaft vida und Greenpeace beauftragt. Das zeigte, dass selbst konservative Organisationen mittlerweile der Meinung waren, die Zukunft liege bei erneuerbarer Energie. Die Untersuchungen zur Energieautarkie gingen jedoch nicht von einer Abschottung Österreichs vom Rest der Welt aus. Es würde weiterhin mit Energie über die Grenzen hinweg gehandelt, übers Jahr sollten sich Importe und Exporte die Waage halten. Die wichtigste Voraussetzung wäre, dass Energieautarkie eine Staatsangelegenheit ist, die von der politischen Elite mit Überzeugung und Tatkraft vorangetrieben wird.

Der Fall Nabucco zeigt, dass auch die Kosten von fossilen Großprojekten völlig unvorhersehbar sind. Die ursprünglich veranschlagten fünf Milliarden Euro wurden im Oktober 2011 auf knapp acht Milliarden erhöht, im Frühjahr 2012 war bereits von 15 Milliarden die Rede. Das Konsortium bezeichnete diese Angaben anfänglich als Spekulation, es war aber offensichtlich, dass sich das Projekt zu einem Fass ohne Boden entwickelte. In den Partnerländern macht sich langsam Verunsicherung breit. Ende April 2012 gab der ungarische Premier Viktor Orbán als erster den Ausstieg aus dem Projekt bekannt. „Nabucco ist zu teuer, der Baubeginn verzögert sich und die Lieferungen vom kaspischen Meer sind unsicher", begründete er seine Entscheidung. Dann scherte die Türkei aus und traf mit Aserbaidschan ein eigenes Abkommen, um das Erdgas aus dem Shah-Deniz-Gasfeld für sich zu nutzen. „Ob da noch was für uns übrig bleibt, werden wir sehen", gab Wirtschaftsminister Mitterlehner im Mai 2012 bei einer Veranstaltung in Wien zu bedenken.

Den Schlussakt im Gas-Libretto schrieb im selben Monat überraschend der britische Ölkonzern BP. Bei einer Erdgaskonferenz in Berlin erklärte BP-Manager Iain Conn „die Version der klassischen Nabucco-Pipeline sei vom Tisch". Damit war der Traum vom uneingeschränkten Zugang Österreichs zu asiatischen Gasquellen gestorben. Was blieb, war die Möglichkeit einer radikal verkürzten Variante, „Nabucco West", die nur von spärlicheren Gasfeldern im Schwarzen Meer gespeist würde. Zur Beruhigung teilte die OMV sofort mit, vor der rumänischen Küste Gasquellen von bis zu 84 Milliarden Kubikmetern aufgespürt zu haben. „Es ist der womöglich größte Fund der Unternehmensgeschichte", sagte OMV-Chef Roiss, schränkte aber ein: „Die Förderung wird teuer."

Das offizielle Ende von Nabucco folgte im Juni 2013, als Aserbaidschan sich für das Konkurrenzprojekt TAP (Trans Adriatic Pipeline) entschied, das Gas über Griechenland und Albanien nach Italien leiten soll. Auch diese Variante könnte möglicherweise an den Kosten scheitern, wie das bei Nabucco der Fall war.

## Der Hase und der Igel

Welche Machtspiele mit Energie die OMV am Kaspischen Meer erwartet hätten, hat der Reporter Martin Leidenfrost anschaulich dargestellt. Für seinen Dokumentarfilm „Gas Monopoly" unternahm er im Jahr 2011 eine Reise entlang der geplanten Trasse und führte Interviews, um die Meinung der jeweiligen Länder zum Projekt zu erkunden. Seine erste Station war Aserbaidschan, dort traf er den Energieminister Natiq Aliyev, der zugleich Vizepräsident des staatlichen Energiekonzerns Socar war. Dieser gab unumwunden zu, dass Russland bereits mehrmals angeboten hatte, ihm das für Nabucco geplante Gas zu einem sehr guten Preis abzukaufen. Dafür wären nur einige hundert Kilometer Pipeline bis an die russische Grenze nötig, erklärte er, keine fast 4000 Kilometer durch zwei Kontinente. Sein Land war zudem an guten Beziehungen zu Russland interessiert, der Fünftagekrieg im Kaukasus 2008 war allen noch lebhaft in Erinnerung.

Auch der OMV war das Risiko bewusst geworden, nach Errichtung der Pipeline womöglich ohne Gasquellen dazustehen, die man anzapfen konnte. Als Alternative richtete sie daher den Blick auf die Gasfelder am anderen Ufer des Kaspischen Meeres, in Turkmenistan. Wieder kam ihr Bundespräsident Heinz Fischer zu Hilfe. Seine Reise durch den Kaukasus im Oktober 2011 führte ihn auch in die Hauptstadt Ashgabat, wo er den turkmenischen Präsidenten Berdymuchamedow traf. Er informierte ihn über sein Gespräch am Tag davor mit dem Präsidenten von Aserbaidschan Ilcham Alijew und betonte, dass dabei „das Projekt der Nabucco-Pipeline im Mittelpunkt stand". Dabei warb er offensiv dafür, mit Nabucco auch turkmenisches Erdgas bis nach Österreich zu liefern. Berdymuchamedow meinte, er sei auf einen „konstruktiven Dialog mit Europa eingestellt", und unterzeichnete ein Abkommen, das ihm Fischer unterbreitete. Die Chancen für den Umweg übers Meer standen jedoch denkbar schlecht. Wie Leidenfrost in seinem Film enthüllt, schien das Schicksal des Nabucco-Konsortiums jenem der Fabel vom Hasen und dem Igel zu gleichen. Egal wie schnell man läuft, der Gegner ist bereits am Ziel.

Der Staat Turkmenistan ist vollständig vom russischen Pipelinenetz abhängig und in langfristigen Verträgen gebunden. „Russland hat mit Turkmenistan einen Liefervertrag über 25 Jahre. Gazprom nimmt dem turkmenischen Staatskonzern Turkmenneftegas das Erdgas für einen Festpreis von 44 Dollar pro 1000 Kubikmeter ab. Der Weltmarktpreis, zu dem Russland das Gas weiterverkaufen kann, liegt teilweise um das Fünffache darüber", schreibt Umwelt- und Politikexperte Sascha Müller-Kraenner in seinem Buch *Energiesicherheit*. „Außerdem stellt Russlands Protektion die Überlebensgarantie für Turkmenistans diktatorisches Regime dar."

Ende 2009 wurde zusätzlich eine Pipeline nach China eröffnet, um den wachsenden Energiehunger des Riesenreiches zu decken. Sie führt über Usbekistan und Kasachstan und erstreckt sich allein auf chinesischem Staatsgebiet über 4500 Kilometer. Anfang 2010 kam eine weitere Pipeline hinzu, die 20 Milliarden Kubikmeter Gas pro Jahr in den Iran exportiert. Angesichts dieser mächtigen Gaseinkäufer in Asien war es wohl nicht mehr als ein frommer Wunsch, ebenfalls in dem Konzert mitspielen zu können. Um mit Nabucco an das turkmenische Gas zu kommen, hätte überdies eine Pipeline quer durchs Kaspische Meer gebaut werden müssen. Der Russlandexperte Gerhard Mangott gab in einem Vortrag bei der Tagung Energy2050 im September 2011 einen Eindruck davon, welches Abenteuer das Konsortium dabei erwartet hätte. Zwischen den Anrainerstaaten Russland, Iran, Aserbaidschan, Kasachstan und Turkmenistan ist bis heute umstritten, wie die Seegrenzen in diesen Gewässern verlaufen. Mit dem Bau einer Pipeline wäre man unweigerlich mitten in diese Auseinandersetzung geraten. Das Kaspische Meer sei ein „politisches Minenfeld", von dem man besser die Finger lässt, wie Mangott warnte.

Auch der Filmemacher Leidenfrost schüttelte am Ende der Dreharbeiten den Kopf, als er seine Bilanz zog. „Im Westen die türkische Kriegszone Kurdistan, im Osten der bizarre Führerstaat Turkmenistan und im Süden die iranischen Mullahs, die an der Atombombe basteln. Ich denke mir: Sind die Nabucco-Leute noch bei Trost, dass sie ausgerechnet in diese Gegend Milliarden überweisen wollen, 30 oder 40 Jahre lang?" Ich denke, die OMV und ihre Partner müssen in Wahrheit Ungarn und der Türkei dankbar sein, ihnen mit dem Ausstieg aus dem Projekt dieses hochriskante Abenteuer erspart zu haben. Das Machtspiel um die Gasreserven im Kaukasus hätten sie niemals gewonnen.

## Energiewende als Sicherheitsfrage

Die österreichische Initiative Nabucco ist ein Beispiel dafür, wie die Mitgliedsstaaten der Europäischen Union versuchen, sich in nationalen Alleingängen Vorteile zu verschaffen. Ein anderes Beispiel ist die unter deutscher Führung errichtete North Stream Pipeline, die seit zwei Jahren Erdgas von Russland durch die Ostsee nach Deutschland transportiert. Die Europäische Union hat bis heute keine gemeinsame Energiepolitik, was schon vor zehn Jahren als ernsthafte Gefahr erkannt wurde. In der Europäischen Sicherheitsstrategie vom Dezember 2003 hieß es: „Die Energieabhängigkeit gibt Europa in besonderem Maße Anlass zur Besorgnis. Europa ist der größte Erdöl- und Gasimporteur der Welt. Unser derzeitiger Energieverbrauch wird zu 50 Prozent durch Einfuhren gedeckt. Im Jahr 2030 wird dieser Anteil auf 70 Prozent steigen." Heute liegt die Importabhängigkeit bereits bei 55 Prozent. Ohne gemeinsame Strategie hat Europa im Machtspiel um die weltweiten Öl- und Gasvorkommen künftig keine Chance.

Es sind die großen Energieverbraucher USA, China und Russland, die sich bereits heute politisch und militärisch fossile Energiequellen für die Zukunft sichern, wie Sascha Müller-Kraenner schreibt. Die EU versuchte aufzuholen, beim Frühjahrsgipfel 2007 wurde eine gemeinsame „Energie-Außenpolitik" aller 27 Mitgliedsstaaten beschlossen. In

Zukunft sollten Mitgliedsstaaten nur mehr gemeinsam mit Energielieferanten außerhalb der EU verhandeln. Bislang ist das nicht eingetreten, die Mitgliedsstaaten bevorzugen weiterhin nationale Lösungen, wie die Beispiele Nabucco und North Stream zeigen. Im September 2011 stellte die EU-Kommission daher eine neue Strategie für eine gemeinsame Energie-Außenpolitik vor. Die EU müsse in Fragen der Energiepolitik künftig „mit einer Stimme sprechen", appellierte Energiekommissar Günther Oettinger.

Dabei hatte die Sicherheitsstrategie aus dem Jahr 2003 gar nicht das Ziel, Europa fit für den weltweiten Kampf um die letzten fossilen Ressourcen zu machen. Sie schlug vor, die reichlich vorhandenen erneuerbaren Energien in den Mitgliedsstaaten zu nutzen, statt um Energiequellen in den Golfstaaten, in Zentralasien, Russland und Nordafrika zu streiten. Diese Möglichkeit hatte das *Weißbuch Erneuerbare Energieträger* der EU-Kommission aufgezeigt, das sechs Jahre zuvor, im Jahr 1997, erschienen war. Auf 55 Seiten wurde beschrieben, wie der Anteil erneuerbarer Energie in der EU von damals 5,4 Prozent auf mindestens 12 Prozent im Jahr 2010 steigen sollte. Dieses Ziel schien vielen zu ehrgeizig, dennoch wurde es im Endeffekt sogar übertroffen, wie Sie im Kapitel „Die Energiewende hat begonnen" sehen werden.

Angespornt von diesem Erfolg beschloss die Kommission im Jahr 2008 neue Ziele, der Anteil erneuerbarer Energie soll bis zum Jahr 2020 auf 20 Prozent erhöht werden. Wird dieser Weg konsequent fortgesetzt, schaffen wir auf friedliche Art Energiesicherheit in Europa, ohne uns auf den global umkämpften Schauplätzen der fossilen Energie behaupten zu müssen. Dann müssen wir uns keine Gedanken mehr machen, wie wir die Beziehungen zum Gaslieferanten Russland verbessern, den ölreichen Iran zügeln, die EU bis zur Türkei ausweiten oder die Regierungen in Nordafrika unterstützen, nur um unsere Energieversorgung zu sichern. Die Energiewende ist ein Friedensprojekt, wie der Solarpionier Hermann Scheer immer betonte. Das ist der Weg für Europa, den ich mir wünsche.

## Wer verdient an der Energiewende?

Auch bei der Energiewende geht es im Kern ums Geld, um die Frage: Wer wird die Energieversorgung der Zukunft bestimmen, wer wird an ihr verdienen? Energie ist ein lukratives Geschäft, die Energieversorger zählen zu den größten Unternehmen jedes Landes. Mit der dezentralen Nutzung von erneuerbarer Energie kommen sie aber nicht zurecht. Nur sieben Prozent aller Ökostromanlagen in Deutschland wurden von den vier großen Energieversorgern RWE, E.ON, Vattenfall Europe und EnBW errichtet, die den Energiemarkt beherrschen. Der überwiegende Teil ist im Besitz von Privatpersonen, Landwirten oder Gewerbetreibenden. In vielen Fällen handelt es sich um Bürgerbeteiligungsanlagen, die Photovoltaik scheint dafür besonders geeignet. Neun von zehn in Bürgerhand befindliche Anlagen produzieren Strom aus der Sonne, wie eine Untersuchung in Deutschland im Frühjahr 2012 ergab. Die restlichen Gemeinschaftsanlagen nutzen den Wind und die Wasserkraft.

Diese Bewegung von unten ist in den letzten Jahren ordentlich in Fahrt gekommen. Seit dem Jahr 2008 hat sich die Zahl der Energiegenossenschaften mehr als vervierfacht. „Jede

Woche kommt eine neue dazu", berichtet Andreas Eisen vom Deutschen Genossenschaftsverband. Jeder tausendste Bürger ist in Deutschland mittlerweile an einer Gemeinschaftsanlage beteiligt, die Investition liegt im Durchschnitt bei 3000 Euro pro Kopf. Auf diese Weise haben die Bürger bereits rund 800 Millionen Euro in gemeinschaftlich betriebene Energieanlagen mit erneuerbarer Energie investiert, mehr als so mancher Energieversorger bei der Errichtung eines großen Gaskraftwerkes. Dabei steht nicht die maximale Rendite im Vordergrund, sondern die Absicht, etwas Sinnvolles gegen den Klimawandel und für die Zukunft unserer Kinder zu tun. Dies ist der wahrscheinlich deutlichste Unterschied zur klassischen Energiewirtschaft. Für die beteiligten Menschen sind die Faszination für erneuerbare Energie und der lokale Bezug entscheidend. Und der Gedanke, sich auf diese Weise selbst zu versorgen. „Rein rechnerisch decken die Energiegenossenschaften mit ihrer Stromproduktion den Haushaltsbedarf ihrer Mitglieder vollständig ab", bestätigt Eckhart Ott, Vorstandsvorsitzender des Deutschen Genossenschafts- und Raiffeisenverbandes.

Die Akzeptanz für neue Anlagen ist bei einer Bürgerbeteiligung höher als im Durchschnitt der Bevölkerung. Wer an einer erneuerbaren Stromerzeugungsanlage beteiligt ist, hat auch ein Interesse an deren Errichtung. Dieser Weg könnte zum Schlüssel für den weiteren Ausbau der Windkraftnutzung werden, die neuerdings mit zunehmendem Widerstand aus der Bevölkerung zu kämpfen hat. Bürgerwindparks sind im Kommen und könnten laut der deutschen Agentur für Erneuerbare Energie helfen, noch ungenutzte Standorte im ganzen Land zu erschließen.

Im Endeffekt geht es darum, wer an der Energieversorgung verdient, die Gemeinde und ihre Bürger oder ein ferner Investor. Das deutsche Dorf Schlalach, 30 Kilometer südöstlich von Potsdam, hat sich für Ersteres entschieden. Das große Windpotenzial im Ortsgebiet wird seit 2010 auf eine Weise genutzt, die allen Schlalacher Bürgern Einkünfte aus dem Windpark sichert. Ein Fünftel der Pachteinnahmen von jährlich 300.000 Euro gehen an die Eigentümer, auf deren Grundstück eine Anlage steht. Der Rest wird unter allen anderen Grundeigentümern aufgeteilt. Um Streitereien im Ort vorzubeugen, haben die Bewohner die Verwaltung des Flächenpachtfonds dem Windparkbetreiber Enercon übertragen. In Schlalach herrscht der Grundsatz: Der Windpark geht alle an. Daher sollten auch Bürger, die kein Grundstück im Eignungsgebiet besitzen und somit keinen Gewinn aus der Verpachtung ziehen, einen Vorteil haben. Die Lösung war eine Bürgerstiftung, in die ein kleiner Teil der Einspeisevergütung fließt, der im Dorf für Jugendarbeit, Vereinsarbeit und Seniorenbetreuung verwendet wird. Bei einem Gemeindebudget von einigen 100.000 Euro sind 50.000 Euro Stiftungseinnahmen jährlich ein „ordentlicher Schluck aus der Pulle", wie die Schlalacher sagen. Für Enercon ist der Windpark dennoch eine wirtschaftliche Investition, wie der Konzern betont. Und die zuständige Projektentwicklerin Vera Sibler merkt an: „Die Akzeptanz für diesen Windpark ist deutlich höher als anderswo."

Auch Wärmekraftwerke werden seit Jahren gemeinschaftlich betrieben. Ein Drittel der rund 2000 Biomasseheizwerke Österreichs sind in der Hand von Genossenschaften. Meist bilden sich diese aus mehreren Bauern im Ort, die das Holz aus ihren Wäldern anliefern und sich die Einnahmen aus dem Wärmeverkauf teilen. Bei der Errichtung helfen sie zusammen und rücken mit eigenen Baggern und Kränen an, um Gräben entlang der Straße für die Leitung auszuheben. Das senkt nicht nur nachhaltig die Kosten, sondern stärkt auch die Gemeinschaft im Ort. Schauen Sie sich Fotos von Nahwärmegenossenschaften im Internet an, die beim Bau aufgenommen wurden. Man sieht sofort, wie gesellig es da zugegangen ist, vor allem in den Pausen. Ob sich dann viele Bewohner mit ihren Einfamilienhäusern anschließen, hängt vom sozialen Geschick der Heizwerkbetreiber ab. „Eine Anschlusspflicht gibt es bei keinem unserer Projekte", erklärt Evelyn Schweinzger von Nahwaerme.at, die in der Steiermark Gemeinden und Landwirte betreut. Wichtig sei, die Menschen frühzeitig zu informieren, weiß Schweinzger.

Wo Informationen fehlen, da entstehen Gerüchte. Wenn einmal der Wirt im Ort jedem Gast erzählt, dass „uns allen das Heizwerk mehr Heizkosten bescheren wird", kann man das Projekt vergessen. Entscheidend ist, wer von den Einnahmen des Heizwerks profitiert. Unternehmer und Großgrundbesitzer im Ort kommen eher selten als Betreiber in Frage, da die Bewohner sofort den Verdacht hegen, sie könnten sich auf Kosten der Ortsbewohner bereichern. Am erfolgreichsten sind Genossenschaften, die von vielen Bürgern und der Gemeinde getragen werden. Mit der Energiewende gehen die Einnahmen aus dem Verkauf von Strom und Wärme zunehmend an Tausende Bürger und Gemeinden über, statt in den Kassen einiger weniger Investoren oder Energieversorger zu landen.

Diese Kapitalverschiebung bedroht langfristig die Existenz der klassischen Energiewirtschaft. Manche werden die

Energiewende daher bis aufs Messer bekämpfen, andere werden sich auf die neuen Machtverhältnisse einstellen und vom neuen Spiel der Kräfte profitieren. Meine Botschaft an die Vertreter der herkömmlichen Energieversorger ist, sich rechtzeitig auf den Wandel einzustellen, anstatt starrsinnig an alten Mustern festzuhalten. Denn die Energiewende ist nicht mehr aufzuhalten, wie das nächste Kapitel zeigt.

## Erneuerbare Energie füllt die Gemeindekasse

Viele Gemeinden sind sich des Potenzials erneuerbarer Energiequellen nicht bewusst, die in ihrem Gebiet schlummern. Auch von den Einnahmen, die ihnen der Betrieb von erneuerbaren Energieanlagen bringen würde, haben sie meist keine Vorstellung. Dabei kann eine kleine Gemeinde mit einem Haushalt von drei Millionen Euro mit den Pachterlösen und Gewerbesteuereinnahmen eines 70-Millionen-Euro-Windparks, das sind etwa 15 Windräder, ihr Gemeindebudget auf einen Schlag verdoppeln. Wird ein Windpark, eine solare Gemeinschaftsanlage oder ein Biomasseheizwerk in der Gemeinde errichtet, wirkt sich das wie eine Betriebsansiedlung aus, mit Kommunalsteuer, Pachteinnahmen und neuen Arbeitsplätzen.

Das deutsche Institut für ökologische Wirtschaftsforschung hat 2009 durchgerechnet, wie sich eine konsequente Umstellung auf erneuerbare Energie auf die Einnahmen einer Stadt auswirken würde. Als Modell diente eine mittelgroße Stadt mit 75.000 Einwohnern. Alle Arbeiten, von der Planung und Finanzierung bis zur Installation, wurden von lokal ansässigen Firmen durchgeführt. Das Ergebnis waren Einnahmen für die Stadtkasse von drei Millionen Euro pro Jahr. Allein zwei Millionen brachte die Stromproduktion aus Wind und Sonne, die Stadt war selbst Betreiber der Anlagen. Die Steuereinnahmen betrugen 235.000 Euro. Zugleich wurde das städtische Sozialbudget durch 50 neue Arbeitsplätze entlastet. Die deutsche Agentur für Erneuerbare Energien stellte daraufhin einen Wertschöpfungsrechner – www.kommunal-erneuerbar.de – ins Netz, mit dem jede Gemeinde das für ihren Fall durchrechnen kann. Nach der Eingabe der erneuerbaren Energiequellen im Gemeindegebiet erhält man eine erste Abschätzung, mit welchen Kommunalsteuereinnahmen, Unternehmensgewinnen im Ort, Einkommen aus Beschäftigung, vermiedenen Treibhausgasen und neuen Arbeitsplätzen maximal zu rechnen wäre. Das Ergebnis soll die politischen Mandatare im Gemeinderat ermutigen, auf lokale Energieversorgung zu setzen und damit die Gemeindekasse zu füllen.

Die Gemeinden werden die Gewinner der Energiewende sein, wenn sie anfangen, den Großteil der Wertschöpfung ihrer Energieressourcen selbst zu kassieren. Die lokalen Einnahmen werden auch die Akzeptanz der Bevölkerung für die mit erneuerbarer Energie betriebenen Kraftwerke erhöhen. Dann dient die Energiewende dem „common good", wie man im Englischen sagt, dem Allgemeinwohl.

## Bürger kaufen Stadtwerke

Eine Energiegenossenschaft im nordhessischen Wolfhagen ist noch einen Schritt weiter gegangen. Um die Strategie ihres Stadtwerks beim Ausbau erneuerbarer Energie mitzubestimmen, haben sie kurzweg beschlossen, ein Viertel des Stadtwerks zu kaufen und Gesellschafter zu werden. Sie benötigten dafür stolze 2,3 Millionen Euro, die erste Million haben sie bereits beisammen. Bei der Gründungsversammlung der Initiative steuerten auf Anhieb 264 Einwohner einen größeren finanziellen Beitrag für den Kauf bei. Solche Gelegenheiten sind ideal, um die Energiewende mit der Macht des eigenen Geldes ein Stück weit zu gestalten. Weitere Beispiele finden Sie im Kapitel „Was wir alle für die Energiewende tun können".

Die mutige Initiative der Wolfhager erregte in ganz Deutschland Aufmerksamkeit. „Wir bekommen so viele Anfragen, dass wir kaum nachkommen", berichtet Iris Degenhardt-Meister, die von Anfang an dabei war. Gelingt der Kauf, dann werden künftig zwei Genossenschaftsvertreter in den neunköpfigen Aufsichtsrat einziehen und die Investitionspolitik des Stadtwerks mitbestimmen. Das Besondere an diesem Schritt ist, dass sie dann auch Verantwortung für die Versorgungssicherheit der Stadt tragen. Reine Projektgenossenschaften, die einen Windpark oder eine Bürgersolaranlage errichten, haben diese Verantwortung nicht und kümmern sich nur um ihren eigenen Vorteil. Daher finde ich die Initiative der Wolfhagener Bürger so spannend, weil sie einen Ausblick darauf gibt, wohin die Energiewende im Endeffekt führen muss, nämlich zur Gesamtverantwortung für das Energiesystem. Im Kapitel „Komplette Versorgung mit erneuerbarer Energie: Wer übernimmt die Verantwortung?" wird das näher ausgeführt.

Die Wolfhager hatten übrigens das Glück, dass ihnen die Bürger der Stadt Schönau im Schwarzwald mehr als zwei Jahrzehnte vorausgeeilt waren. Nach der Katastrophe von Tschernobyl 1986 hatte sich eine Bürgerinitiative gegründet, die Schönau frei von Atomstrom machen wollte. Bald wurde klar, dass dieses Ziel nur durchsetzbar war, wenn man dem Stromversorger, einem Atomkraftwerksbetreiber, das Netz abkaufte. Dieser wehrte sich vehement und machte massiv Stimmung gegen das Vorhaben. In Flugblättern und Presseberichten wurde von einem „unkalkulierbaren Risiko für die Stadt Schönau, die Bevölkerung und insbesondere die Industrie" gewarnt. Die Schönauer Energie-Initiative ließ jedoch nicht locker. Sie baten die größten deutschen Werbeagenturen um Hilfe für eine Spendenkampagne, um den Netzkauf zu finanzieren. Tatsächlich sagten mehrere Agenturen zu, den Stromrebellen kostenlos Vorschläge zu liefern. Das Rennen machte schließlich die „Störfall-Kampagne". Auf Tausenden Postkarten wurden im ganzen Land Fotos von Schönauer Bürgern verschickt, über die „Ich bin ein Störfall" gestempelt war. Die Kampagne wurde rasch im gesamten Bundesgebiet bekannt, der Erfolg war überwältigend. Mehrere Umweltverbände riefen zu Spenden auf, Zeitungen veröffentlichten kostenlos Anzeigen, bei Privatfeiern wurde statt Geschenken um Spenden für die Rebellen gebeten. Binnen weniger Monate war das benötigte Geld beisammen. Im Jahr 1991 wurde das Netz schließlich von 650 Gesellschaftern aus der Region übernommen. Seither werden die Schönauer nahezu vollständig aus Wasserkraft versorgt, eine gasbetriebene Kraft-Wärme-Kopplung deckt die Spitzen ab. Für die Wolfhager und viele andere war das Elektrizitätswerk Schönau seither ein Vorbild, wie man die Energieversorgung in die eigenen Hände nimmt. Stadtwerke mit erneuerbarer Energie sind mittlerweile ein eigenes Tagungsthema, wo sich Hunderte Gemeindevertreter treffen, um über den Rückkauf von Stromnetzen, die Gründung eigener Stadtwerken und die Errichtung von Bürgerenergieanlagen zu diskutieren.

Die Energiewende führt zu einer Demokratisierung der Energieversorgung, die das alte Machtmonopol der klassischen Energieversorger aufbricht. Diese werden dabei keinesfalls tatenlos zusehen, sie arbeiten bereits daran, das Tempo der Energiewende zu verlangsamen. Doch dieser Machtkampf zeigt in Wahrheit, dass wir schon sehr weit gekommen sind, wie Hans Kronberger in seinem Buch „Geht uns aus der Sonne" treffend schreibt: „Zuerst ignorieren sie dich, dann lachen sie über dich, dann bekämpfen sie dich und dann gewinnst du." Wir sind bereits beim Kämpfen.

# Die Energiewende
# hat begonnen

„Nichts ist stärker als eine Idee,
deren Zeit gekommen ist."

*Victor Hugo*

Als ich ein Kind war, ließen meine Eltern jeden Mittwoch das Auto stehen und fuhren mit der Straßenbahn in die Arbeit. Sie taten das nicht, um die Umwelt zu schützen, sondern wegen des Aufklebers an der Windschutzscheibe, auf dem weithin sichtbar die Buchstaben „MI" zu lesen waren. Mit diesem Aufkleber war es erlaubt, den Wagen an allen Wochentagen zu benützen, nur am Mittwoch nicht. Jeder Autofahrer war damals verpflichtet, einen autofreien Tag in der Woche zu wählen und diesen am Wagen sichtbar zu machen. Hätten wir das beibehalten und schrittweise ausgebaut, sähe der Straßenverkehr heute ganz anders aus. Damals war die Vorschrift eine Reaktion auf die erste Ölkrise im Winter 1973, die weltweit einen Schock auslöste. Erdöl hatte seit dem Zweiten Weltkrieg nie mehr als 5 Dollar pro Barrel gekostet, die Versorgung mit billigem Sprit und Heizöl verlief über Jahrzehnte reibungslos. Man hatte sich einen sorglosen Umgang mit Energie angewöhnt. Die Häuser waren ungedämmt, das Massenauto VW Käfer hatte einen Kraftstoffverbrauch von 13 Litern auf 100 Kilometern, und Waschmaschinen verbrauchten doppelt so viel Strom wie heute. Energie war damals kein Thema, niemand machte sich darüber Gedanken.

Bis am 6. Oktober 1973 im Nahen Osten plötzlich Krieg ausbrach. An diesem Samstag feierte Israel den höchsten Feiertag im jüdischen Kalender, das Versöhnungsfest Jom Kippur. Den ganzen Tag über wurde gebetet und gefastet, das gesamte öffentliche Leben kam zum Stillstand. Für die Armeen in Ägypten und Syrien war das der ideale Zeitpunkt, um einen Überraschungsangriff gegen ihren Erzfeind zu starten. Im Jahr 1967 hatten Ägypten, Jordanien und Syrien gegen Israel einen erfolglosen Sechstagekrieg geführt, bei dem sie strategisch wichtige Gebiete wie den Gazastreifen, die Golanhöhen, das Westjordanland und die Altstadt von Jerusalem an Israel verloren. Diese Gebiete wollten sie nun zurückhaben. Tatsächlich gelang ihnen binnen weniger Tage die Rückeroberung der Halbinsel Sinai und der Golanhöhen. Fast 3000 israelische Soldaten wurden dabei getötet. Die Israelis hatten den Schock jedoch schnell überwunden und begannen die feindlichen Soldaten zurückzudrängen. Sie verfolgten die flüchtenden Gegner bis weit in deren Land hinein, bis sie am Ende 40 Kilometer vor Damaskus und 100 Kilometer vor Kairo standen. Ein Waffenstillstand Ende Oktober beendete schließlich die Kampfhandlungen. Die israelische Armee war mit Waffenlieferungen und Panzern der USA versorgt worden, was im arabischen Raum als ungeheure Einmischung empfunden wurde. Die Mitglieder der OPEC beschlossen daher unter der Führung von Saudi-Arabien, ein Exempel zu statuieren. Die Erdölförderung sollte so lange um fünf Prozent pro Monat gedrosselt werden, bis Israel die besetzen Gebiete wieder freigab.

Plötzlich war die ganze Welt von den Auswirkungen des Krieges im Nahen Osten betroffen. Der Preis für Rohöl schoss in die Höhe, von 3 auf 12 Dollar pro Barrel in wenigen Tagen. In Europa wurde man sich erstmals bewusst, wie stark man von Energiequellen abhängig war, auf die man keinen sicheren Zugriff hatte. Die Verunsicherung wurde noch durch den 1972 veröffentlichten Bericht „Grenzen des Wachstums" des Club of Rome geschürt, der eine Verknappung des Ölangebotes und einen enormen Preisanstieg vorhergesagt hatte, wenn auch aus anderen Gründen. Der Ölpreisschock führte Anfang der 1970er Jahre jedenfalls zu einem neuen Bewusstsein in der Öffentlichkeit zum Thema Energie. Um die Abhängigkeit von der OPEC zu verringern, gründeten 16 Industriestaaten im November 1974 die Internationale Energieagentur IEA, mit der wir uns bereits eingehend befasst haben. Die Länder verpflichteten sich, einen Ölvorrat anzulegen, der sie im Krisenfall zwei Monate lang versorgen könnte. Auch eine gegenseitige Hilfestellung wurde vereinbart, sollte Öl auf dem Weltmarkt wieder einmal knapp werden.

Die erste Ölkrise war die Geburtsstunde der erneuerbaren Energien. Große Konzerne wie ITT, General Motors und General Electrics begannen, nach „Alternativen Energiequellen" zu suchen, die Erdöl ersetzen konnten. In zahlreichen Zeitungsartikeln wurde diskutiert, wie man die Energie von

Sonne und Wind nutzen könnte. Viele neue Firmen wurden gegründet, in den USA gab es im Jahr 1977 bereits 140 Anbieter von Sonnenkollektoren. Im selben Jahr wandte sich Jimmy Carter kurz nach seiner Wahl zum Präsidenten in einer Fernsehansprache an das amerikanische Volk. Er warnte vor den Gefahren der starken Erdöl-Abhängigkeit für die USA und kündigte an, eine groß angelegte Solarinitiative zu starten. Das Programm „Solar America" hatte zum Ziel, ein Fünftel des Energieverbrauchs der USA im Jahr 2000 mit erneuerbarer Energie zu decken. Um auch selbst ein Zeichen zu setzen, ließ der Präsident im Mai 1979 eine thermische Solaranlage mit 32 Kollektoren auf dem Dach des Weißen Hauses installieren, direkt über dem Oval Office. „Im Jahr 2000 wird die thermische Solaranlage hinter mir immer noch hier sein und günstig und effizient Energie liefern", prophezeite Carter bei seiner Einweihungsrede, die er, vor den Kollektoren stehend, auf dem Dach des Hauses hielt.

Doch die Geschichte nahm eine andere Wendung, die Solaranlage sollte keine zehn Jahre überleben. Im Jahr 1981 wurde Ronald Reagan zum Präsidenten gewählt, der als erste Amtshandlung die Preiskontrolle für Öl und Gas aufhob, die Carter eingeführt hatte. Im ganzen Land wurde daraufhin die Ölproduktion angekurbelt, was den Ölpreis um die Hälfte fallen ließ. Als Zeichen der Ablehnung von Carters Energieprogramm ordnete Reagan im Jahr 1986 an, die Kollektoren auf dem Oval Office zu entfernen. Reagan, dessen Wahlkampf laut dem deutschen Solarexperten Hermann Scheer von US-Ölkonzernen finanziert worden war, setzte ausschließlich auf fossile Energieträger und Atomkraft. Die Beschäftigung mit erneuerbarer Energie hielt er für überflüssig. Während seiner

Amtszeit wurden die Förderungen für erneuerbare Energie um 90 Prozent gekürzt.

Die abgebauten Kollektoren des Oval Office landeten im Unity College, einer Privatschule im Nordosten der Vereinigten Staaten. Bis zum Jahr 2005 versorgten sie dort die Cafeteria mit Warmwasser, ohne dass irgendjemand deren Herkunft ahnte. Im Jahr 2009 machten sich die Schweizer Filmemacher Christina Hemauer und Roman Keller daran, die Spuren ihrer Geschichte zu erkunden. Im Film „A Road Not Taken" besuchten sie mit zwei Original-Kollektoren auf der Ladefläche ihres Pickups die verschiedenen Stationen, die diese auf dem Weg von Washington nach Maine genommen hatten. Sie trafen viele Menschen, die sich in den 1970er Jahren für Carters Energieprogramm engagiert hatten, auch Carter selbst kommt im Film zu Wort. Nach dem Ende der Dreharbeiten übergaben sie einen der Kollektoren dem National Museum of American History in Washington DC, wo er in die Sammlung zum Thema Politik und Reformen aufgenommen wurde. Der andere landete in der Jimmy Carter Library, wo er einen Ehrenplatz bekam. Die erste große Solarinitiative Amerikas endete so als Fußnote der Geschichte im Museum.

Nach Carter dauerte es fast 20 Jahre, bis sich wieder ein amerikanischer Präsident der Solarenergie annahm. Bill Clinton, wie Carter ein Präsident der Demokratischen Partei, erließ im Jahr 1997 großzügige Steuererleichterungen für alle, die eine Solaranlage auf ihrem Haus installierten. Das „Million Solar Roofs"-Programm der Regierung zeigte enorme Wirkung. Bis zum Jahr 2005 wurden fast 400.000 Solaranlagen errichtet. Im Jahr 2001 hatte jedoch erneut ein Präsident der Republikanischen Partei das Ruder übernommen, dessen

Wahlkampf mit Spenden von Ölkonzernen finanziert worden war. George W. Bush kürzte die Förderungen für erneuerbare Energie und setzte stattdessen vor allem auf Forschung und Entwicklung. Wie Reagan war auch er nur an billigem Öl interessiert, alles andere hielt er für entbehrlich. „Gasoline prices are down, and that's good news", verkündete er bei der Renewable Energy Conference in St. Louis im Oktober 2006. Ein Grund für seine Vorliebe zu Erdöl waren auch die engen Verbindungen der Familie Bush zur Herrscherfamilie im Königreich Saudi-Arabien, wie Michael Moore in seiner preisgekrönten Dokumentation „Fahrenheit 9/11" aufzeigte.

Bis heute sind die Vereinigten Staaten nicht über einen Anteil von zehn Prozent erneuerbarer Energie an der Energieversorgung hinausgekommen, die Regierungsjahre der Republikaner bremsten die Entwicklung jedes Mal auf wirksame Weise ein. Hätten sie die Solarprogramme aus den 1970er Jahren fortgesetzt, wären die USA heute unabhängiger von fossiler Energie als Österreich. Es hätte auch keine Kriege in Kuwait, im Irak und Iran gegeben, die vor allem wegen der großen Ölvorkommen in diesen Ländern geführt wurden. Der fossile Weg ist von Kriegen gesäumt, wie Hans Kronberger in seinem Buch „Blut für Öl" anschaulich nachweist. Der erneuerbare Weg hingegen ist ein friedvoller – oder können Sie sich vorstellen, dass jemand um die Sonne Krieg führt?

Im Jahr 2009 kam mit Barack Obama wieder ein Präsident der Demokratischen Partei an die Macht. Er versprach, die Solaranlage am Weißen Haus zu erneuern, als Zeichen seines Engagements für eine nachhaltige Energieversorgung. Im August 2013 fuhren dann die Kräne auf, um wieder Solarmodule auf dem Dach des Amtssitzes zu montieren.

## Der erste Aufschwung der erneuerbaren Energien

Wie die amerikanischen Konzerne sahen auch große Industriebetriebe in Deutschland und Österreich in den erneuerbaren Energien ein Geschäftsfeld mit großer Zukunft. Im Jahr 1975 gründeten die Konzerne AEG, BBC, Dornier, Philips und RWE zusammen mit weiteren Unternehmen die deutsche Arbeitsgemeinschaft Solar Energie (ASE). Für ein Watt Sonnenstrom bezahlte man damals umgerechnet mehr als 100 Euro. Solarstromanlagen waren daher nur auf Berghütten zu finden, wo sie den Stromgenerator mit Diesel ersetzten. Den heutigen Preis von einem Euro pro Watt hätte damals niemand für möglich gehalten. Die Photovoltaikproduktion wuchs rapide und überschritt zwei Jahre später erstmals die Grenze von 500 Kilowatt. Auch zu Solarwärme wurde entwickelt und geforscht. Der österreichische Aluminiumkonzern Ranshofen brachte neuartige Kollektoren auf den Markt, die den Einsatz von Öl und Gas zum Heizen überflüssig machen sollten. Im Jahr 1978 folgte das weltweit erste Kompaktsystem mit Speichern und Pumpen. Im selben Jahr nahm der Heizungskonzern Stiebel Eltron in Spittal an der Drau die größte Kollektorfertigung Europas in Betrieb. Bis zu 50.000 Kollektoren im Jahr konnten im Werk in Kärnten produziert werden.

Das Engagement der Großbetriebe machte auch die Politik auf Solarenergie aufmerksam. Wissenschaftsministerin Hertha Firnberg startete 1980 ein groß angelegtes Programm zur Weiterentwicklung der noch jungen Solartechnologie. Die ersten Kollektoren waren oft undicht, denn mangelte es an Erfahrung beim Einbau. Umfangreiche Tests der österreichischen Konsumentenschutzorganisation VKI im Jahr 1977 kamen zum Ergebnis, die Erzeugnisse seien „allesamt noch nicht ausgereift und zu teuer". Das Interesse in der Bevölkerung war jedoch geweckt, die Installationszahlen explodierten förmlich. Die Statistik der Jahre 1976 bis 1979 zeigt eine exponentielle Kurve, von 1500 auf 28.000 Quadratmeter Kollektorfläche in nur drei Jahren.

Nicht immer waren es Großkonzerne, die die Nutzung der erneuerbaren Energiequellen vorantrieben. In Dänemark stellten sich die Teilnehmer des Lehrerseminars einer Alternativschule die Frage, wie man den steten Wind der hügellosen Landschaft zur Stromerzeugung nutzen könnte. Sie hatten gehört, dass die dänische Regierung Atomkraftwerke errichten wollte, um das Land unabhängiger von Ölimporten zu machen. Als überzeugte Atomkraftgegner wollten sie beweisen, dass Windenergie eine klare Alternative zur Kernenergie ist. Dafür bedurfte es eines großen und spektakulären Zeichens, um die Aufmerksamkeit der Medien zu gewinnen. Sie beschlossen, die größte Windkraftanlage der Welt zu bauen, und riefen in Zeitungsinseraten dazu auf, sich als freiwillige Helfer zu melden. Die Windenergie steckte damals noch in den Kinderschuhen, die größten Windkraftanlagen waren nicht höher als zehn Meter und hatten eine Leistung von einigen Kilowatt. Ihr Windrad sollte aber alles übertreffen und spektakuläre 2000 Kilowatt Strom erzeugen. Kaum ein Experte gab dem Projekt eine Chance, für diese Größe fehlte einfach jegliche technische Erfahrung. Doch das hinderte die Pioniere nicht, ihre Idee mit Eifer zu verfolgen. Hunderte Freiwillige waren dem Aufruf in den Medien gefolgt. Sie brachten nicht nur Begeisterung, sondern auch neue Ideen und technisches Geschick für die Herstellung der Anlagenteile mit. Die Initiatoren hatten mit dem Projekt eine soziale Bewegung entfacht, die immer weitere Kreise zog. Die Zeitungen berichteten laufend von den monatelangen Vorbereitungen zum Bau der Anlage, wobei kaum einer glaubte, dass sie je funktionieren würde. Doch nichts ist stärker als eine Idee, deren Zeit gekommen ist, wie Victor Hugo sagte. Am 26. März 1978 ging die im Selbstbau errichtete Großanlage schließlich ans Netz. Für damalige Verhältnisse war das Windrad eine einzigartige technische Meisterleistung. Die sogenannte Tvind-Mühle, benannt nach der Alternativschule Tvind im nördlichen Jütland, wo die Idee entstanden war, lief mit wenigen Unterbrechungen mehr als 30 Jahre lang.

## Die Erwartungen an erneuerbare Energien steigen

Am 16. Januar 1979 erschütterte erneut ein politisches Ereignis die Welt. Schah Mohammad Reza Pahlavi beschloss an diesem Tag, den Iran zu verlassen, da sein Leben und das seiner Familie in Gefahr waren. Seit den 1950er Jahren hatten Deutschland, Frankreich, Großbritannien und die USA den Monarchen an der Macht gehalten, um sich den Zugang zu den gigantischen iranischen Ölfeldern zu sichern. Der Schah verfolgte eine westlich geprägte Politik der kulturellen Offenheit und Freiheit, die in der islamischen Bevölkerung auf Argwohn stieß. Die Opposition rief immer wieder zu Demonstrationen und landesweiten Streiks auf, denen Hunderttausende Menschen folgten. Als der Schah langsam die Kontrolle zu verlieren begann, setzte er das Militär in Gang und erließ ein Demonstrationsverbot. Dennoch gingen täglich Tausende auf die Straße, um gegen die Verwestlichung des Landes zu protestieren. Auf dem Höhepunkt der Auseinandersetzungen kam es zu Schusswechseln zwischen Armee und Demonstranten, bei denen Dutzende Menschen starben. Die anhaltenden Unruhen verunsicherten die westlichen Verbündeten, sie fragten sich, ob der Schah „noch zu halten sei". Bei einer Konferenz in Guadeloupe im Januar 1979 beschlossen sie schließlich, den Schah fallen zu lassen und auf eine Machtübernahme durch das Militär zu setzen, da viele der Offiziere ihre Ausbildung in den USA absolviert hatten und dem Westen daher nahestanden. Am 1. Februar kehrte jedoch der fundamentalistische Religionsführer Ayatollah Ruhollah Chomeini aus seinem französischen Exil zurück und wurde von der iranischen Bevölkerung begeistert empfangen. Zwei Wochen später übernahm er die Führung des Landes und errichtete einen schiitischen Gottesstaat.

Während des Umsturzes war die iranische Ölproduktion praktisch zum Erliegen gekommen. Für die großen Ölverbraucher USA, Europa und Japan bedeutete das den Ausfall des zweitgrößten Lieferanten der Welt. Die anhaltende Verunsicherung nach der Revolution im Iran und kurzzeitige Förderausfälle ließen den Ölpreis im Dezember 1979 auf 32 Dollar pro Barrel hochschnellen, nach heutiger Kaufkraft etwa 100 Dollar. Es war der zweite abrupte Anstieg des Ölpreises in weniger als zehn Jahren, diesmal noch steiler und schneller als 1973. Niemand wusste, wie es weitergehen würde, in den Industrieländern machte sich Panik breit. „Müssen wir jede erdenkliche Form alternativer Energien beschleunigt entwickeln, wenn wir uns nicht auf Gedeih und Verderb den politischen Widrigkeiten in der Golfzone ausliefern wollen?", hatte *Die Zeit* auf dem Höhepunkt der Revolution im Januar 1979 gefragt.

Wie schnell konnten erneuerbare Energien helfen, die Abhängigkeit vom völlig unberechenbaren Ölpreis zu beenden? Die Erwartungen waren enorm gestiegen, in Österreich vervierfachte sich die Nachfrage nach thermischen Solaranlagen innerhalb eines Jahres. Nicht nur Haushalte, auch Hotels, Krankenhäuser und öffentliche Gebäude setzten auf die Sonne. Die amerikanische Beratungsfirma Arthur D. Little veröffentlichte eine Marktstudie, nach der solare Warmwasserbereitungsanlagen ab 1980 nahezu allgegenwärtig sein würden. In Israel wurde der Einbau von Solaranlagen bei Neubauten verpflichtend, um die Ölabhängigkeit von den arabischen Nachbarstaaten zu verringern. Alle Gebäude bis zu einer Höhe von 27 Metern mussten thermische Solaranlagen installieren, um eine Baugenehmigung zu erhalten. Diese Verpflichtung ist bis heute in Kraft, sie bescherte Israel die weltweit zweithöchste Solaranlagen-Dichte pro Kopf, gleich nach Zypern. An dritter Stelle liegt übrigens Österreich.

In Deutschland brachte der Konzern MAN ein neues Windrad namens Aeroman auf den Markt, ein kleiner Zweiflügler mit einer Leistung von zehn Kilowatt. Binnen kurzem waren 500 Stück verkauft. Das dreimal stärkere Modell für den amerikanischen Markt ging 400 Mal über den Ladentisch. Angespornt vom Erfolg fasste MAN den Entschluss, ein Windrad mit 3000 Kilowatt Leistung zu entwickeln, um die Hälfte stärker als die damals größte Windkraftanlage der Welt in Dänemark. Wie bei der Tvind-Mühle gab es viele, die an der technischen Machbarkeit einer solchen Anlage zweifelten. Selbst der damalige deutsche Forschungsminister Hans Matthöfer, der die Entwicklung finanziell unterstützte, hielt das Ganze für undurchführbar: „Wir wissen, dass es uns nichts bringt. Aber wir machen es, um den Befürwortern der Windenergie zu beweisen, dass es nicht geht."

Tatsächlich war vieles neu am Growian, wie die Anlage genannt wurde (eine Abkürzung für Großwindanlage), allein das Maschinenhaus in 100 Meter Höhe wog so viel wie drei Dieselloks. Jedes Rotorblatt war 23 Tonnen schwer, heutige Rotoren aus Glasfaser und Karbon wiegen die Hälfte. Die feierliche Inbetriebnahme am 17. Oktober 1983 wurde zum internationalen Medienereignis, die gigantischen Ausmaße der Windkraftanlage waren beeindruckend. Bald traten allerdings erste Probleme auf. Die schwere Rotornabe und ein Flügel bekamen Risse, nach knapp drei Wochen lief das vier Tonnen schwere Lager heiß und musste getauscht werden. Wegen vieler technischer Probleme musste die Anlage ständig abgeschaltet werden, in fünf Jahren war sie insgesamt nur 18 Tage in Betrieb. Im Jahr 1988 wurde sie schließlich demontiert und verschrottet. Sie war einfach zu groß und behäbig dimensioniert worden. Dieser Misserfolg machte in Europa die Runde und hat der Windkraft damals enorm geschadet. Es dauerte mehr als 20 Jahre, bis man sich wieder an Windräder dieser Größenordnung heranwagte. In den Jahren nach dem Flop wurden in Deutschland nur mehr kleinere Modelle errichtet, die allerdings zeigten, dass Windkraft funktioniert und günstig Strom erzeugen kann. Damit war der Grundstein für den Siegeszug der Windkraft in den 1990er Jahren gelegt.

## Ernüchterung und Neubeginn

Die Euphorie für erneuerbare Energien fand ein jähes Ende, als Anfang der 1980er Jahre der Ölpreis zu sinken begann. Viele Medien, die zuvor ausführlich und begeistert über erneuerbare Energien berichtet hatten, verloren das Interesse. Die neuen Technologien hatten überdies die hohen Erwartungen, die man in sie gesetzt hatte, nicht erfüllt. Etliche Kollektoren begannen zu rosten, Wärmepumpen fielen ständig aus und bei Holzheizungen qualmten die Rauchfänge. Die großen Konzerne zogen sich zurück, Stiebel Eltron musste die Kärntner Kollektorfertigung Mitte der 1980er Jahre stilllegen. Nur in Schweden erfuhr die Solarenergie einen Aufschwung, einige Energieversorger begannen große solare Nahwärmeanlagen zu errichten, für die es günstige staatliche Kredite gab. Von 1980 bis 1989 wurden rund zehn solarthermische Großanlagen mit mehr als 1000 Quadratmetern Kollektorfläche errichtet, die größte mit 7500 Quadratmetern versorgt seit 1984 die Stadt Nykvarn in der Nähe von Stockholm mit solarer Wärme. Im Rest von Europa ging die Nachfrage nach thermischen Solaranlagen zwischen 1980 und 1985 um zwei Drittel zurück, in Österreich und Deutschland erreichte der Kollektorabsatz einen Tiefpunkt. Der Ölpreis war 1986 mit 14 Dollar pro Fass auf den Wert vor der zweiten Ölkrise gefallen.

Bei den Bürgern war das Interesse jedoch erwacht. Viele hatten es satt, alle paar Jahre neuen Krisen beim Ölpreis ausgesetzt zu sein. Zwei Hobbyerfinder aus Österreich, ein Obstbauer und ein technischer Angestellter, kamen auf die Idee, sich Sonnenkollektoren selbst zu bauen. Den Anstoß lieferte ein Handwerker im Ort, der vom Urlaub in den USA zurückgekehrt war und den beiden von einfachen, aber sehr effizienten Kollektoren erzählte, die er dort gesehen hatte. Die beiden waren begeistert und begannen einen eigenen Prototyp nach ihren Vorstellungen zu bauen. Er sollte einfach, kostengünstig und für jedermann machbar sein. Als der erste Kollektor fertiggestellt war, wurden sie eingeladen, ihn bei einer Veranstaltung im Gemeindesaal vorzustellen. Überraschend kamen 300 Menschen, um das selbstgebaute Werk zu bestaunen. Noch am selben Abend gründete sich die erste Selbstbaugruppe, die den Kollektor mit einfachen Werkzeugen nachbaute. Bald entstanden weitere Baugruppen in den umliegenden Ortschaften. Durch den gemeinsamen Einkauf der Materialien waren die Herstellungskosten gering. In Handarbeit wurden an einem Wochenende bis zu 100 Kollektoren gebaut, von den Beteiligten nach Hause genommen und in Eigenregie auf dem Dach montiert. Im Jahr 1986 produzierten die Selbstbaugruppen bereits mehr Kollektorfläche, als alle Solarfirmen in Österreich verkauften. Durch die große Nachfrage wurden auch Installationsbetriebe auf den Solarmarkt aufmerksam. Sie begannen Kollektoren über Händler zu importieren oder von neu gegründeten Kollektorfirmen zu beziehen. Diese historisch einzigartige Entwicklung sicherte Österreich einen Marktvorsprung von gut zehn Jahren in Europa, der bis heute anhält.

Zur selben Zeit schrieb in der Schweiz der Solarpionier Josef Jenni Geschichte. Der diplomierte Elektroingenieur war fest davon überzeugt, ein Einfamilienhaus in Mitteleuropa ausschließlich mit der Sonne beheizen zu können. Niemand konnte sich vorstellen, dass das auch im Winter funktioniert. Zum Beweis ließ er 1988 ein Musterhaus nahe seines Produktionswerks im schweizerischen Oberburg errichten. Das Haus befand sich noch im Rohbau, als die Solaranlage mit 84 Quadratmetern Kollektorfläche und 118 Kubikmetern Wärmespeicher fertiggestellt wurden. Die Kollektoren begannen sofort zu arbeiten und heizten den Solarspeicher auf fast 100 Grad Celsius, obwohl im Gebäude noch niemand wohnte, um die Wärme zu nutzen. Es war Januar und der Speicher drohte zu überhitzen, da die Frühlingssonne die Kollektoren nochmals auf Touren bringen würde. Doch wohin mit so viel Wärme in einem unbewohnten Haus? Der Solarpionier fand schließlich eine kreative Lösung. Er ließ ein 25.000 Liter fassendes Schwimmbecken vor dem Haus aufstellen und mit heißem Wasser aus dem Speicher füllen. Dann lud er zu einer Pressekonferenz im dampfenden Becken ein, um die winterliche Kraft der Sonne anschaulich unter Beweis zu stellen. Zahlreiche Journalisten kamen und staunten, einige hatten sogar Badesachen mitgebracht und sprangen ins 37 Grad warme Wasser. Das Foto der halbnackten Journalisten im dampfenden Becken, umringt von frierenden Zuschauern in Mänteln und Handschuhen, ging um die Welt. Originell war auch das Interview des Solarpioniers, das er im Becken stehend gab. Diese ungewöhnliche Art der Öffentlichkeitsarbeit ist auf YouTube unter „Sonnenhaus Jenni Oberburg CH 1989" zu bestaunen. Das Haus wurde noch im selben Jahr bezogen, die Bewohner heizen bis heute allein mit der Sonne, ohne Heizkosten zu zahlen. Die Solaranlage funktioniert einwandfrei, sie hat nur einen Fehler: Sie ist ums Doppelte zu groß. Heute baut Jenni vollsolare Häuser, die mit der halben Menge an Kollektoren auskommen. Das Badeerlebnis im Winter war der Prototyp aber allemal wert.

# Der zweite Aufschwung der erneuerbaren Energien

„1992 waren wir zunächst ein bisschen enttäuscht. Im Nachhinein betrachtet waren das Meilensteine in der Geschichte der Umwelt- und Entwicklungspolitik", erzählt Alexander Egit, Chef von Greenpeace Österreich, dem Journalisten Roman David-Freihsl im Jahr 2012. Beim legendären Erdgipfel im Juni 1992 in Rio de Janeiro war Egit live dabei gewesen. Seither hat er viele Klimakonferenzen erlebt, die jedoch niemals mehr die Tragweite von Rio erreichten. Damals hatten 154 Staaten eine Vereinbarung unterzeichnet, um die Treibhausgase einzudämmen, die das Klima zunehmend aufheizten. Energiequellen wie Öl, Gas und Kohle sollten durch erneuerbare Energie ersetzt werden, um die Erderwärmung zu bremsen, die bereits eingesetzt hatte. Die ersten Länder, die konkrete Maßnahmen setzten, kamen aus der Europäischen Union (die damals noch Europäische Gemeinschaft hieß), allen voran Dänemark, Deutschland, Österreich und Spanien. Die Nutzung erneuerbarer Energie gewann in den 1990er Jahren enorm an Fahrt, die Zahl neuer Solaranlagen und Windräder explodierte förmlich. Noch wurde diese Entwicklung in der Öffentlichkeit kaum beachtet, da sie in absoluten Zahlen wenig zur Energieversorgung beitrug. Der rasante Aufschwung lieferte jedoch den entscheidenden Auftakt für jene Energiewende, von der wir heute sprechen. Es lohnt sich daher, einen genaueren Blick darauf zu werfen, was in diesem Jahrzehnt in Gang gesetzt wurde.

Im Jahr 1990 wurden in Österreich 40.000 Quadratmeter Sonnenkollektoren installiert. Als ich im Jahr darauf begann, mich mit Solarwärme zu beschäftigen, hatte sich die Zahl bereits verdoppelt. Vier Jahre später folgte die nächste Verdoppelung auf 160.000 Quadratmeter. Seit 1993 hatten alle Bundesländer eine Sonderförderung für thermische Solaranlagen eingeführt, die bis zu einem Drittel der Investitionskosten deckte. Zu dieser Zeit begann der Übergang vom Selbstbau zur kommerziellen Produktion von Sonnenkollektoren. Die neu gegründeten Unternehmen, viele davon heute Marktführer, wurden zum Jobmotor. Im Jahr 1991 waren 1300 Menschen in der Solarwärmebranche beschäftigt, 1995 waren es bereits doppelt so viele. Auch der Export stieg rasant, ab 1997 im Schnitt um 44 Prozent pro Jahr. In Österreich wurden die Anlagen vorwiegend in Einfamilienhäusern installiert, Deutschland und Dänemark setzten dagegen auf Großanlagen. In Hamburg und Friedrichshafen gingen 1996 die ersten Anlagen zur ganzjährig vollsolaren Versorgung von Wohnsiedlungen in Betrieb. Im selben Jahr entstand auf der dänischen Insel Ærø die größte Solarwärmeanlage der Welt mit 8000 Quadratmetern, die Energie in ein Fernwärmenetz einspeiste. Ein Jahr vor der Jahrtausendwende startete Deutschland mit „Solar – na klar" die damals größte Solarkampagne der Welt. In nur zwei Jahren verdoppelte sich der deutsche Solarmarkt auf fast eine Million Quadratmeter pro Jahr.

Einen enormen Aufschwung nahm auch die Produktion von Biodiesel. In Österreich wuchs die produzierte Menge in den 1990er Jahren um fast das 40-Fache, von 500 auf 19.000 Tonnen pro Jahr. In Deutschland wurde im selben Zeitraum sogar 80-mal mehr Biodiesel produziert. Weltweit war eine Steigerung um das 100-Fache zu beobachten, von 10.000 auf 950.000 Tonnen pro Jahr. Biodiesel wurde zum Hoffnungsträger für die Zukunft, wenn der Erdölmarkt wieder einmal verrückt spielen sollte. Der unmittelbare Grund für den beeindruckenden Boom waren strengere Umweltauflagen im Tunnelbau, bei Waldarbeiten und in der Schifffahrt. Diese vervielfachten den Absatz von biologischen Ölen und Treibstoffen. Hinzu kamen Flottenumstellungen großer Gewerbebetriebe und Gemeinden, die zukünftig befürchteten Preissteigerungen an der Tankstelle ausweichen wollten.

Fast ebenso stark wie Biodiesel legte die Windkraft zu. Die installierte Windkraftleistung in Deutschland stieg zwischen 1991 und 2000 um den Faktor 55, von 112 auf über 6000 Megawatt. Ein wichtiger Motor war das 1989 gestartete „100 Megawatt Programm", das die Regierung drei Jahre später auf 250 Megawatt aufstockte. Zahlreiche neue Firmen entstanden, die kaum genügend Fachkräfte fanden, um das rasante Wachstum zu bewältigen. Drei Windkrafthersteller in Schleswig-Holstein im Norden Deutschlands gründeten mit der Handelskammer und dem Arbeitsamt eine Ausbildungsinitiative zum Servicetechniker für Windkraftanlagen. Es war eine Ausbildung mit Jobgarantie, die Absolventen wurden vom Fleck weg engagiert. Im Jahr 2000 war Windenergie in Schleswig-Holstein bereits der wichtigste Wirtschaftszweig neben Tourismus und Landwirtschaft.

Einen ähnlich rasanten Aufschwung hatte die Windbranche im benachbarten Dänemark genommen. Die Leistung aller Anlagen hatte sich von 1990 bis 2000 versiebenfacht, die Windkraft wurde nach Erdgas und Fischerei der drittgrößte Wirtschaftszweig im Land. In Spanien stand die Windkraft 1990 noch ganz am Anfang, die ersten Anlagen waren gerade errichtet worden. Zwei Jahre darauf standen allerdings bereits zehnmal so viele, nach weiteren fünf Jahren wurde erneut eine Verzehnfachung geschafft. Mitte der 1990er Jahre stiegen große Energieversorger ins Windgeschäft ein, was den Markt zusätzlich anheizte. Im Jahr 2001 überholten die Spanier schließlich Dänemark und wurden nach Deutschland zur Nummer zwei in Europa.

Einen ebenso raketenartigen Aufstieg aus dem Nichts nahm die Windkraft in Österreich. Von der ersten Windkraftanlage mit 150 Kilowatt im Jahr 1994 bis zu über 100 Windrädern mit zusammen 78 Megawatt dauerte es nur sechs Jahre. Ein Gesetz zur Abnahmepflicht von Ökostrom löste 1998 einen Bauboom aus, binnen zwei Jahren vervierfachten sich die Installationen. Österreich war damit weltweit Spitzenreiter unter allen Ländern, die nicht am Meer lagen. Im Jahr 2000 war auf der ganzen Welt erstmals mehr Leistung aus Windrädern als aus Atomkraftwerken installiert worden, stolze 19.000 Megawatt. Dabei hatten die Länder mit windreichen Küstengebieten und attraktiven Stromeinspeisegesetzen die Nase vorn: Dänemark, Deutschland und Spanien.

Die 1990er waren das Jahrzehnt des exponentiellen Wachstums, am deutlichsten zeigte sich das bei Photovoltaik. In Österreich waren bis zum ersten Megawatt fast 20 Jahre vergangen, bis zum zweiten dauerte es nur mehr drei Jahre. Das dritte Megawatt war nach nur eineinhalb Jahren im Jahr 1999 erreicht. In Deutschland verhundertfachten sich die Neuinstallationen, das Stromeinspeisegesetz im Jahr 1991 hatte für den nötigen Turbo bei Solarstrom gesorgt. Das Gesetz war eine Initiative des verstorbenen Solarpioniers Hermann Scheer, der damit den Betreibern von Ökostromanlagen einen sicheren Zugang zum Verteilernetz der Stromerzeuger verschaffte. Mehr als 50 Länder haben das Gesetz seither übernommen. Auf der ganzen Welt wurden immer mehr Photovoltaikanlagen installiert, der Weltmarkt verdoppelte sich alle dreieinhalb Jahre. Diese Dynamik machte große Konzerne wie den Ölförderer BP Amoco auf die neue Technologie aufmerksam. Binnen eines Jahrzehnts stieg BP zum weltgrößten Anbieter von Photovoltaik auf, in einer vielbeachteten Aktion wurden Tausende Tankstellendächer mit solarer Stromerzeugung ausgerüstet.

In Österreich sorgte ein neuer Brennstoff für Aufsehen, der 1996 auf den Markt kam. Ein Verbundplattenhersteller aus der Baubranche war auf die Idee gekommen, seine Holzabfälle zu kleinen Stäbchen zu pressen, sogenannten Pellets. Damit konnte man mit Holz fast so bequem heizen wie mit einer Ölheizung. Man ersparte sich das ständige Nachlegen, die Pellets wurden der Heizung aus einem Tank automatisch zugeführt. Der neue Holzbrennstoff fand reißenden Absatz, die verkaufte Menge verdoppelte sich jedes Jahr. Endlich war eine Alternative zur Ölheizung gefunden, die das Klima schützte und noch dazu viel billiger war. Im Jahr 2000 hatten bereits 7000 Hausbesitzer eine Pelletheizung eingebaut, der Verbrauch stieg auf 50.000 Tonnen Pellets pro Jahr.

Etwas langsamer verlief die Entwicklung bei Biogas. Eine alternative Bauernorganisation im Süden Deutschlands hatte in den 1980er Jahren begonnen, Biogasanlagen im Selbstbau zu errichten. Bald begannen Landwirte aus Österreich, die Technologie zu übernehmen. Im Jahr 1990 waren in beiden Ländern 50 solche Biogasanlagen in Betrieb. Damit war genügend Erfahrung vorhanden, um die Technologie breiter zu vermarkten. Im Jahr 1995 begann der bayerische Biogaspionier und Unternehmer Ulrich Schmack, den Bauern schlüsselfertige Anlagen anzubieten. Viele der 1000 Biogasanlagen in

Deutschland im Jahr 2000 waren von ihm errichtet worden. Auch in Österreich verfünffachte sich die Zahl in den zehn Jahren auf mehr als 100 Anlagen. Die Landwirte erwarteten sich von Biogas in Zukunft eine neue Einnahmenquelle, der Slogan „Vom Landwirt zum Energiewirt" machte die Runde.

Am langsamsten kam die Kleinwasserkraft voran. Dabei war sie der wichtigste Ökostromproduzent der 1990er Jahre, zumindest in Österreich. Mit einer Leistung von 848 Megawatt lieferten die Kleinwasserkraftwerke zehnmal mehr Strom als Wind und Sonne zusammen. Der Ausbau verlief dennoch schleppend, im Jahr 2000 waren nur zehn Prozent mehr installiert als zehn Jahre davor. Die Kleinwasserkraftwerke hatten vom Stromeinspeisegesetz nicht im selben Ausmaß profitiert wie Windkraftwerke und Solaranlagen. Damit blieben ihre enormen Potenziale in diesem Jahrzehnt ungenutzt.

## EU-Kommission macht Tempo

Trotz des gewaltigen Ausbaus hatten erneuerbare Energien im Jahr 2000 immer noch keine energiepolitisch relevante Größenordnung erreicht. Erst nach der Jahrtausendwende wuchsen sie in eine Dimension, die den klassischen Energieversorgern ernsthaft in die Quere kam. Diese reagierten mit massivem Widerstand, um die neue Konkurrenz in Schach zu halten (siehe Kapitel „Die neue Energieversorgung"). Damit stellten sie sich gegen die EU-Kommission, die den Anteil erneuerbarer Energie bis zum Jahr 2010 auf mindestens zwölf Prozent verdoppeln wollte. Bei der Veröffentlichung des *Weißbuchs Erneuerbare Energieträger* im Jahr 1997 lag der Anteil noch bei der Hälfte.

Wie ernst es der Kommission war, zeigte die Ende 1999 gestartete Campaign for Take-Off (CTO). Die Kampagne sollte eine Bewegung in Gang setzen, die innerhalb von vier Jahren zur Errichtung von 1000 Megawatt Photovoltaikanlagen, 15 Millionen Quadratmetern Solarwärmekollektoren und einer Million Holzheizungen führen sollte. In großen Windparks sollten 10.000 Megawatt Windleistung installiert werden. Diese Ziele waren bewusst hoch gesteckt. Die EU-Kommission wusste um den Widerstand der klassischen Energieversorger und setzte daher auf eine Bewegung von unten. Mit Gemeinden und Regionen wurden Partnerschaften geschlossen, die auf lokaler Ebene eine Energiewende in Gang setzen sollten.

Das Problem war, dass die EU-Kommission für eine kleine Gemeinde in Frankreich oder Österreich dem Gefühl nach etwa gleich weit weg ist wie Amerika. Man hatte in der Begeisterung vergessen, dass eine Energiewende von unten niemals von oben gesteuert werden kann. Revolutionen fanden in der Geschichte niemals statt, weil sie der König für eine gute Idee hielt. Sie waren immer davon getrieben, dass sich die Bevölkerung gegen die herrschenden Verhältnisse auflehnte. Die Menschen müssen die Energiewende wollen, damit sie passiert. Darauf werden wir im Kapitel „Was wir alle für die Energiewende tun können" näher eingehen. Statt der von der Kommission angepeilten 100 Partnerschaften kamen nach vier Jahren nur 45 zustande. Das war natürlich viel zu wenig für eine europäische Bewegung. Die meisten waren außerdem Regionen, die bereits seit Jahren aktiv an der Energiewende arbeiteten. Die bekanntesten Beispiele waren das Bundesland Oberösterreich, die belgische Region Wallonien, die dänische Insel Ærø oder die britische Insel Isle of Wight.

Doch auch wenn die Campaign for Take-Off auf lokaler Ebene kaum Wirkung entfaltete, half sie mit, die Ausbauziele des *Weißbuches* bei Politikern und Energieversorgern ständig in Erinnerung zu rufen. Viele Experten waren der Meinung, die Kampagne sei gescheitert. Ich finde ihre Bilanz hingegen beachtlich. Das Ausbauziel bei Windkraft war schon nach drei Jahren erreicht. Nach zwei Jahren überschritten Solarwärmeanlagen erstmals die Grenze von einer Million Quadratmeter, die jedes Jahr neu installiert wurden. Die Kampagne hatte eindeutig Bewegung in die Branche für erneuerbare Energie gebracht, wenngleich die meisten Ziele meilenweit verfehlt wurden.

Viele fragten sich, ob die EU-Kommission tatsächlich in der Lage sei, eine Energiewende voranzutreiben. Die überraschende Antwort folgte im Februar 2012, als die europäische Monitoringstelle EurObserv'ER ihren Statusbericht für das Jahr 2010 veröffentlichte. Der Ausbau erneuerbarer Energie war seit 1997 zügig vorangeschritten, das damalige EU-Ziel für das Jahr 2010 wurde mit 12,4 Prozent sogar übertroffen! Es war jedoch nicht die Campaign for Take-Off, die für diesen Erfolg verantwortlich war, es waren vielmehr zwei EU-Richtlinien, die in den Jahren 2001 und 2003 erlassen wurden. Die Richtlinie zur Förderung der Stromerzeugung aus erneuerbaren Energiequellen („Ökostromrichtlinie") und die Richtlinie zur Verwendung von Biotreibstoffen im Verkehr („Biokraftstoffrichtlinie") hatten die entscheidende Schubkraft geliefert, um den Markt voranzutreiben. Sie erzwangen die Einführung neuer Gesetze, in allen Ländern wurden ein Ökostromgesetz und ein Biotreibstoff-Beimischungsgesetz erlassen. Damit war ein sicherer Rahmen geschaffen worden, um in Photovoltaik,

Windkraft, Kleinwasserkraft, Geothermie und Biodiesel zu investieren. Ich bin überzeugt, die Gesetze waren entscheidend dafür, dass die EU-Ziele für 2010 nicht nur erreicht, sondern zum Teil um ein Vielfaches übertroffen wurden. Solarwärme, Biogas und Biomasse hingegen blieben weit hinter den Ausbauzielen zurück. Erst das Energie- und Klimapaket der Europäischen Union im Jahr 2008 zeigte auf, dass eine Richtlinie für den Ausbau erneuerbarer Wärme fehlte. Allein mit Strom und Treibstoff waren die für 2020 angepeilten Klimaziele nicht zu erreichen. Der halbe Energieverbrauch Europas wird für Warmwasser und Heizen verwendet, also musste hier angesetzt werden, um die Treibhausgase zu verringern. Ein Jahr später trat die Richtlinie zur Förderung der Nutzung von Energie aus erneuerbaren Quellen („Erneuerbare-Energien-Richtlinie") in Kraft, mit konkreten Vorgaben für den Ausbau erneuerbarer Wärme. Bis zum Jahr 2020 soll ein Viertel des Wärmebedarfes der Europäischen Union aus erneuerbaren Energiequellen gedeckt werden. Alle Mitgliedstaaten wurden aufgefordert, Gesetze zu erlassen, die mit Förderungen und Bauvorschriften den Einbau von Warmwasser- und Heizanlagen forcieren, die mit erneuerbarer Energie betrieben werden. Auf dem Markt ist der erhoffte Schub dadurch bislang allerdings ausgeblieben. Manchmal brauchen Gesetze aber einfach Zeit, um ihre volle Wirkung zu entfalten.

## Erneuerbare Energie in neuer Dimension

Nach der Jahrtausendwende setzte in Spanien, Italien, Großbritannien, Portugal und Irland ein wahrer Windkraftboom ein. Deutschland hatte Dänemark 1994 den Rang als Windkraftnation Nummer eins abgelaufen, im Jahr 2004 musste es die Staffel an Spanien weitergeben. Mit rund 2000 Megawatt Neuinstallation war die iberische Halbinsel zum weltgrößten Markt für Windenergie aufgestiegen. Sechs Jahre später kürte das deutsche *Handelsblatt* Spaniens Windindustrie zum Europameister, nachdem es mehr Strom produziert hatte als alle Anlagen in Deutschland zusammen. Spanien deckte damals 16,4 Prozent seines Strombedarfes mit Wind, Deutschland nur 6,2 Prozent.

Der technologische Fortschritt der Windkrafttechnik war beeindruckend. Hatten die größten serienreifen Windkraftanlagen aus Dänemark im Jahr 1987 eine Leistung von gerade einmal 75 Kilowatt, wurden zehn Jahre später Windturbinen mit einem Megawatt Leistung in Serie hergestellt. Seither hat die Leistung alle fünf Jahre um ein Megawatt zugenommen. Die größte in Serie produzierte Windkraftanlage liefert heute über drei Megawatt. Die Produktionshallen der Windkrafthersteller haben die Dimensionen großer Stahlbauunternehmen, im Maschinenhaus eines Drei-Megawatt-Windrades hat ein kleines Einfamilienhaus Platz. Bereits 2005 benötigte die Windenergie mehr Stahl als der Schiffsbau, wie der damalige Präsident des Weltverbandes World Wind Energy Association, Preben Maegaard, auf einer Pressekonferenz verkündete.

Ab dem Jahr 2006 sollte die Windstromerzeugung auf offener See zum Durchbruch kommen, hatte der deutsche Windkraftexperte Jens-Peter Molly vorhergesagt. Mit zunehmender Entfernung von der Küste schießen jedoch die Kosten in die Höhe, wie sich bald herausstellte. „Offshore ist eine andere Liga, da haben wir es mit Investitionen von einer Milliarde Euro aufwärts zu tun", erklärt Norbert Giese, Geschäftsführer von Siemens Windpower. Dazu kommt das Risiko, wenn eine Anlage 70 Kilometer von der Küste entfernt bei Sturm und hohem Seegang ausfällt. An eine Reparatur ist dann oft tagelang nicht zu denken. Funktioniert ein Offshore-Windpark jedoch, so verspricht er enorme, dauerhafte Einnahmen. Der größte geplante Windpark, Dogger Bank, 100 Kilometer vor der britischen Küste , soll bei gutem Wind 9000 Megawatt Leistung bringen, so viel wie zehn Atomkraftwerke. Auf hoher See bringt ein Windrad wegen des stetigen Windes die dreifache Leistung wie an Land.

Die gewaltigen Größenordnungen der Projekte haben mittlerweile das Interesse von Konzernen wie Siemens, Mitsubishi, Samsung und Daewoo geweckt. Auch Pensionsfonds und private Kapitalgesellschaften überlegen in Offshore zu investieren. Noch regiert die Vorsicht, da der Totalausfall eines Windparks mit 800 Megawatt Leistung bis zu 800 Millionen Euro Verlust nach sich ziehen kann, wie Versicherungsexperten schätzen. Unklar ist auch, wie man den vielen Strom ins Netz an Land bekommt. Um die Verstärkung von Umspannwerken und Netzanschlüssen an der Küste wird seit Jahren heftig gestritten. Trotz aller Unklarheiten haben Deutschland und Großbritannien die besten Aussichten, die Stromerzeugung fernab der Küste im nächsten Jahrzehnt in Gang zu bringen. Ob solche Megaprojekte der Energiewende tatsächlich helfen oder sie in Wahrheit eher behindern, werden wir im Kapitel „Das nächste Jahrzehnt" diskutieren.

Auch bei Solarwärme begannen die Verkaufszahlen in mehreren Ländern stark zu steigen. Über Jahre hinweg zeigte ich bei Vorträgen im Ausland eine Landkarte von Österreich, in dessen Bundesländern umsatzmäßig Solarmärkte wie Frankreich und Spanien Platz hatten. Dann forderte ich das Publikum auf, dafür zu sorgen, diese Grafik im nächsten Jahr nicht mehr herzeigen zu können. Die Solarmärkte der großen Länder Europas mussten deutlich wachsen, wenn wir die Energiewende schaffen wollten.

Im Jahr 2008 war es endlich soweit, der Gesamtmarkt war auf über vier Millionen Quadratmeter Kollektorfläche pro Jahr angewachsen. Italien, Frankreich und Spanien verlegten erstmals mehr Solarfläche als Österreich. Meine Grafik war Geschichte. In Italien hatte sich der Solarmarkt binnen zwei Jahren verdoppelt und katapultierte das Land damit auf den zweiten Platz in Europa, den es bis heute halten konnte. In der Schweiz sorgte der Solarpionier Jenni erneut für Schlagzeilen. Sein vollsolar beheiztes Einfamilienhaus war seit 1988 problemlos gelaufen, jetzt machte er sich daran, das erste Mehrfamilienhaus Europas allein mit der Sonne zu versorgen. Bei minus fünf Grad halfen Hunderte Freiwillige im November 2005, den 15 Tonnen schweren Solarspeicher mit bloßer Muskelkraft aus der Produktionshalle zum 100 Meter entfernten Bauplatz zu schleppen. Die Art des Transports hatte sich Jenni von den alten Ägyptern abgeschaut, die schon vor Jahrtausenden ihre Pyramiden ohne Maschinen erbaut hatten. Als der 205.000 Liter fassende monströse Speicher stand, wurde das Haus um ihn herum errichtet. „Je größer ein Gebäude ist, umso effizienter kann man eine vollsolare Versorgung erreichen", ist Jenni überzeugt. Im Juni 2013 wurden gleich daneben zwei weitere große Solarspeicher aufgestellt, diesmal kamen sie mit dem Tieflader an. Auch diese Gebäude, zwei Mehrfamilienhäuser mit je acht Wohnungen, werden ganzjährig zu 100 Prozent mit Sonnenenergie für Heizung und Warmwasser versorgt. Zwei Jahre später erwachte eine weitere Art der Solarenergienutzung aus dem Dornröschenschlaf. In den 1980er Jahren war in Spanien die erste Pilotanlage zur solarthermischen Stromerzeugung in Betrieb gegangen. Gegen den billigen Strom aus Öl und Gas konnte der Solarstrom damals allerdings nicht konkurrieren. Es folgte eine Pause von fast 20 Jahren, in denen kein einziges neues Kraftwerk entstand. Erst als die Preise für fossile Energie um die Jahrtausendwende zu steigen begannen, besann man sich wieder auf diese umweltfreundliche Kraftwerkstechnik. Den Neuanfang machte das Kraftwerk Planta Solar 10, das 2007 in der Nähe von Sevilla in Betrieb ging. Mit 624 beweglichen Spiegeln wird Sonnenlicht auf einen Turm konzentriert, dabei entstehen Temperaturen bis zu 600 Grad Celsius. Mit dieser Hitze wird Dampf erzeugt, der eine Turbine antreibt. An sonnigen Tagen, davon hat Andalusien 300 im Jahr, liefert das Kraftwerk 11 Megawatt Strom allein aus der Sonne. Im darauffolgenden Jahr entstand in der Provinz Granada mit Andasol-1 ein fast fünfmal so starkes Solarkraftwerk. Seither herrscht ein regelrechter Boom. Allein im Jahr 2009 wurden fünf weitere solarthermische Kraftwerke mit einer Gesamtleistung von 170 Megawatt eröffnet. Im Herbst 2011 ging mit Andasol-3 die letzte Ausbaustufe des größten Solarenergiestandorts Europas in Betrieb. Es ist nach Andasol-1 und Andasol-2 Granadas drittes Solarthermiekraftwerk, jedes davon mit einer Leistung von 50 Megawatt. Insgesamt 205.000 Parabolspiegel fangen auf einer Fläche von 210 Fußballfeldern Sonnenlicht ein und erhitzen in ihrem Brennpunkt Öl auf bis zu 400 Grad Celsius. Der damit erzeugte Dampf treibt eine Turbine mit Generator an. Das besondere an Andasol ist ein Speicher, in dem 30.000 Tonnen Salzgemisch gelagert sind. Wird der Speicher untertags erhitzt, hält er die Wärme bis zu acht Stunden lang. Damit kann das Solarthermiekraftwerk auch nach Sonnenuntergang Strom produzieren, die ganze Nacht hindurch.

Ich war erstaunt, als ich las, wer die insgesamt 400 Millionen Euro teuren Kraftwerke errichtet hatte. Es war ein deutsches Konsortium aus RWE, Stadtwerke München, Rheinenergie, Ferrostaal und Solar Millennium. Stromerzeugung mit Dampfturbinen ist für Energieversorger ein vertrautes Geschäft, das hat vielleicht den Ausschlag gegeben, sich beim Solarkraftwerk zu engagieren. Im Jahr 2010 war der Funke auf andere Länder übergesprungen. Neben acht neuen Solarkraftwerken in Spanien mit insgesamt 400 Megawatt gingen auch in Italien und Frankreich erste Anlagen in Betrieb. Die Gesamtleistung aller solarthermischen Kraftwerke in Europa lag Ende 2010 bei 737 Megawatt. Das waren um 100 Megawatt mehr, als das EU-Ziel für dieses Jahr vorgab. Bis 2015 sieht der europäische Fahrplan 3573 Megawatt vor, im Jahr 2020 nochmals doppelt so viel. Beim derzeitigen Ausbautempo sind diese Ziele durchaus realistisch. Allein in Spanien wurden 2011 neun neue Solarkraftwerke mit einer Gesamtleistung von 420 Megawatt errichtet, im Jahr 2012 waren 18 weitere Kraftwerke in Bau. Solarthermische Kraftwerke könnten Spaniens Weg zur Energiewende bei Strom sein, weil sie die reichlichste Energiequelle des Landes nutzen, die Sonne. Im Gegensatz zu fossilen Kraftwerken läuft ein Solarkraftwerk viel länger mit voller Leistung, bis zu 2400 Stunden im Jahr. Speichert man einen Teil der erzeugten Wärme am Tag, kann rund um die

Uhr Strom produziert werden, auch in der Nacht. Mit einem Speicher für acht Stunden, bei neuen Anlagen durchaus üblich, läuft das Solarkraftwerk dann bis zu 4000 Stunden im Jahr, mehr als jedes gut ausgelastete Gaskraftwerk. Das 2011 fertiggestellte Turmkraftwerk Gemasolar in Südspanien kann sogar 15 Stunden ohne Sonnenschein Strom erzeugen.

## Renewables go global

Seit einigen Jahren ist die Energiewende ein internationales Thema geworden, das weit über Europas Grenzen hinausreicht. In mehreren aufstrebenden BRICS-Staaten (Brasilien, Russland, Indien, China, Südafrika) wurden Programme gestartet, die auf erneuerbare Energie setzen. Anders als in den Industriestaaten steht dabei oft die ärmere Bevölkerung im Vordergrund, deren Lebenskomfort und Hygieneverhältnisse verbessert werden sollen. In Südafrika wurden im Jahr 2005 zehn Häuser im Elendsviertel Kuyasa am Stadtrand von Kapstadt mit thermischen Solaranlagen ausgestattet. Nachdem der Pilotversuch erfolgreich verlief, wurden innerhalb von fünf Jahren alle 2300 Häuser im Viertel nachgerüstet. Im nächsten Schritt sollen weitere Townships solar ausgestattet werden, bis 2014 ist die Installation von einer Million Solaranlagen geplant.

In Indien vergibt die National Bank for Agriculture and Rural Development NABARD seit 2011 Billigkredite an Menschen, die kein warmes Wasser haben und zu arm sind, um in Solartechnik zu investieren. Das Programm *Solar India* wurde binnen zwei Jahren von über 4000 Haushalten in Anspruch genommen. Im Frühjahr 2013 startete die zweite Phase, die das Programm im ganzen Land noch bekannter machen soll. „We will need more publicity to make the rural population aware of the fact that their nearest commercial or cooperative bank can give out grants", sagt Niranjan Das, der das Programm in Mumbai leitet. Um die Ernsthaftigkeit der Bemühungen zu unterstreichen, gab die Regierung bekannt, so lange finanzielle Unterstützungen zu gewähren, „until the targets of the National Solar Mission are met".

In Brasilien wurde 2009 das Bauprogramm *Minha Casa, Minha Vida* (Mein Haus, mein Leben) gestartet, um einer Million Familien mit geringen Einkommen ein neues Zuhause zu geben. Seit 2011 muss jedes dieser Häuser mit einer thermischen Solaranlage ausgestattet werden. Drei Viertel der Anlagen wurden in den großen Städten Rio de Janeiro und São Paulo installiert. Im selben Jahr überschritt der Solarmarkt die Marke von einer Million Quadratmeter pro Jahr.

Die umfassendsten Ausbaupläne bei Solarenergie hat China, im 12. Fünfjahresplan (2011–2015) spielt erneuerbare Energie eine prominente Rolle. Wie in vielen anderen Städten Chinas erließ auch die Hauptstadt Beijing im Jahr 2012 eine solare Baupflicht. Bei knapp 20 Millionen Einwohnern gibt es einen enormen Bedarf an Warmwasser, man rechnet mit der Installation von 10 Millionen Quadratmetern Kollektoren. Neben der Sonne setzt China auch auf Wind, fast jedes zweite Windrad weltweit wurde 2011 im Reich der Mitte errichtet. Mit einer Gesamtleistung von 82.000 Megawatt liegt das riesige Land beim Wind nur mehr knapp hinter Europa.

Die wechselvolle Geschichte der erneuerbaren Energien in den letzten vier Jahrzehnten zeigt, dass sie bereits einen weiten Weg zurückgelegt haben und nun beginnen, in das bestehende Energiesystem einzugreifen. Aus Sicht der klassischen Energiewirtschaft bringen erneuerbare Energien alles durcheinander – der Preis an der Strombörse sinkt ins Bodenlose, die Fernwärme verliert ihre Sommerlast durch Solaranlagen, Fahrzeuge mit Ökoantrieb brauchen völlig andere Tankstellen. Es braucht neue Regeln, um das Energiesystem dem raschen Zuwachs an erneuerbaren Energien anzupassen. Die klassischen Energieunternehmen halten jedoch an den alten Regeln fest und versuchen, den weiteren Ausbau von erneuerbaren Energieanlagen einzubremsen. Geschickt haben sie begonnen, die Energiewende in der öffentlichen Wahrnehmung in Frage zu stellen. Ist eine hundertprozentige Energieversorgung mit erneuerbarer Energie überhaupt leistbar? Sind die bisherigen Instrumente wie Vergütungssätze und Förderzuschüsse dafür geeignet? Sollten wir das ganze Projekt Energiewende nicht stoppen und eher in die Forschung investieren? Diese Fragen sollen verunsichern, konstruktive Antworten seitens der klassischen Energieversorger bleiben aus. Doch die Energiewende ist nicht aufzuhalten, wie die weltweite Entwicklung zeigt. Es ist daher dringend notwendig, dass die Verbände für erneuerbare Energie passende Antworten auf die neuen Herausforderungen finden und Vorschläge unterbreiten, wie das Energiesystem konkret umgebaut werden soll. Was dann folgt, lesen Sie im nächsten Kapitel.

# Die neue Energieversorgung

> „Wer erneuern will, hat alle die zum Feind, denen es
> unter den alten Bedingungen gut ergangen ist."
>
> *Niccolo Machiavelli*

Es war an einem Sonntag im Sommer 2012, als mich die Eltern mit dem Wagen abholten, um mit meiner Familie den Tag in einem öffentlichen Freibad zu verbringen. Seit Tagen lag eine drückende Hitze über der Stadt, jeder Bewegung folgte unmittelbar ein Schweißausbruch. Seit den frühen Morgenstunden brannte die Sonne vom strahlend blauen Himmel, das Thermometer zeigte 30 Grad im Schatten. Im Schwimmbad breiteten wir unter einem schattigen Baum unsere Badetücher aus und beschlossen, uns von hier nicht mehr fortzubewegen. Nach einer Weile bemerkte ich, dass ich mein Buch im Wagen liegen gelassen hatte. Der Londoner Verleger Richard Cohen hatte Anfang der 1990er Jahre nach einem Autor gesucht, der ein Buch über die Sonne und ihre

Rolle im Leben der Menschen der letzten 3000 Jahre schrieb. Da er keinen fand, begann er selbst mehr über die Sonne in Erfahrung zu bringen. Bei seinen Erkundungen bereiste er 18 Länder, bestieg zur Sommersonnenwende den Gipfel des Fujiyama, wohnte Sonnenritualen in Peru bei und reiste in die Antarktis, um eine Sonnenfinsternis zu erleben. Nach acht Jahren war sein Werk vollendet. „Eine Lektion, die ich beim Schreiben dieses Buches gelernt habe, ist, dass die Sonne einfach überall präsent ist", fasste der Autor seine Eindrücke zusammen.

An einem Tag, an dem die Sonnenhitze bis in die kleinste Hautfalte zu spüren war, war diese Erkenntnis sehr überzeugend. Ich schnappte die Autoschlüssel und machte mich auf den Weg zum Parkplatz. Dort sah ich, dass wir den Wagen in der prallen Sonne geparkt hatten, die Luft über dem heißen Blechdach flimmerte wie auf Wüstensand. Ich öffnete die Wagentür und fuhr augenblicklich zurück. Ein Schwall glühend heißer Luft ergoss sich aus dem Wagen und nahm mir den Atem. In Wien strahlt die Sonne bei klarem Himmel mehr als 1000 Watt auf jeden Quadratmeter. Nachdem das Auto etwa eine Stunde in der Sonne gestanden war, hatten sich 1000 Wattstunden Energie im Inneren gesammelt. Ich entschied mich, einige Minuten zu warten, bevor ich Cohens 600 Seiten starkes Werk *Die Sonne – Der Stern, um den sich alles dreht* aus dem Fond des Wagens fischte.

## Das Ende der Atomkraft

Alle drei Stunden schickt uns die Sonne so viel Energie, wie alle Menschen auf der Welt in einem Jahr verbrauchen. Wir haben also mehr erneuerbare Energie zur Verfügung, als wir je brauchen werden. Diese Erkenntnis setzt sich langsam rund um den Erdball durch. Im Jahr 2011 wurden weltweit 257 Milliarden Dollar in erneuerbare Energie investiert, so viel wie nie zuvor. Das ist mehr als das gesamte Bruttoinlandsprodukt von Griechenland. Zwei Drittel davon wurde in den Industrieländern ausgegeben, die die meiste Energie verbrauchen. Interessant ist, dass ein Drittel der Investitionen in Entwicklungsländer und Schwellenländer ging.

Bislang kam die Technologie dafür aus Europa, jetzt beginnt sich das Blatt zu wenden. Einen Eindruck davon gibt die jährlich stattfindende weltgrößte Industriemesse in Hannover. Jeder zehnte Aussteller stammt mittlerweile aus dem Reich der Mitte, viele mit Windkraftanlagen und Solartechnologie im Gepäck. Zur Eröffnung im Jahr 2012 kam sogar der chinesische Premierminister Wen Jiabao angereist, den die deutsche Bundeskanzlerin Angela Merkel herzlich willkommen hieß. Hinter den Kulissen flogen dagegen bereits die Messer, deutsche Solarhersteller hatten in den USA und Europa Strafzölle gegen Photovoltaikmodule aus China durchgesetzt. Das staatlich gestützte Preisdumping der chinesischen Konkurrenz hatte zwei Dutzend europäische Solarfirmen in die Insolvenz getrieben. In Indien wiederum erlebte der deutsche Konzern Enercon eine überraschende Enteignung seines Know-hows bei Windkraftwerken. Indische Richter hatten alle technischen Patente der Firma wegen „mangelnder Neuheit" für unwirksam erklärt. Damit konnte jeder in Indien die deutsche Technik ungestraft nachbauen. Auf dem Weltmarkt für erneuerbare Energie wird mit harten Bandagen gekämpft, wenn es um die Marktanteile der Zukunft geht. Am weltweit stärksten ausgebaut wird derzeit die Windkraft, gefolgt von Photovoltaik und Wasserkraft.

Erneuerbare Energien deckten im Jahr 2011 bereits 17 Prozent des globalen Energiebedarfes, Atomenergie nur mehr drei Prozent. Der tragische Unfall im japanischen Atomkraftwerk Fukushima im März 2011 zeigte der Welt erneut, dass diese Technologie im Ernstfall nicht beherrschbar ist und unermessliche Schäden nach sich zieht. Drei Monate später beschloss der deutsche Bundestag mit breiter Mehrheit, alle Atomkraftwerke bis zum Jahr 2022 abzuschalten. Die ersten sieben Atommeiler wurden sofort vom Netz genommen, ohne dass die Stromverbraucher dies bemerkten. Die Reaktoren hatten vor allem dem Stromexport gedient, wie sich herausstellte. In Japan wurden nach dem Unfall alle 54 Atommeiler außer Betrieb genommen. Damit fiel ein Drittel der japanischen Stromerzeugung aus. Als Ersatz wurden stillgelegte fossile Kraftwerke hochgefahren, um die Stromversorgung zu sichern. Nach dem Unfall wurden weltweit die Sicherheitsstandards verschärft, was Atomstrom mittlerweile unwirtschaftlich macht. Die Betreiber des neuen Atommeilers Hinkley Point in Großbritannien verlangten von der Regierung eine garantierte Vergütung von 11 Eurocent pro Kilowattstunde für 35 Jahre, um das Kraftwerk wirtschaftlich betreiben zu können. Atomstrom ist teurer als Solarstrom geworden, die Atomkraft steht damit auch aus ökonomischen Gründen vor dem Aus.

## Erneuerbare Energien stellen alles auf den Kopf

Ein typisches Merkmal der neuen Energieversorgung ist, dass erneuerbare Energiequellen ihre Nischen verlassen und beginnen, ins Energiesystem einzugreifen. Für die klassischen Energieversorger bedeuten diese Eingriffe oft Verluste in Millionenhöhe, wie der Journalist Christian Tenbrock am Beispiel von E.ON und RWE anschaulich darlegte. An Tagen mit viel Sonne, Wind und Wasser stellen die Ökostromanlagen die Strombörsen auf den Kopf. Manchmal sinkt der Strompreis dann kurzfristig auf Null oder wird sogar negativ (man erhält Geld dafür, dass man Strom verbraucht). Das war zu Weihnachten 2009 erstmals der Fall, als in der Nacht ein Sturmtief über Mitteleuropa fegte. Die Windkraftwerke liefen auf Hochtouren und speisten enorme Mengen Strom ins Netz. Dieser wurde aber nicht gebraucht, in den Nachtstunden ist der Stromverbrauch am geringsten. Das Überangebot drückte den Preis an der Strombörse auf minus 200 Euro pro Megawattstunde, die jenen bezahlt wurden, die den überschüssigen Strom abnahmen. Für die Betreiber von Pumpspeicherkraftwerken war das ein willkommenes Weihnachtsgeschenk, da sie Geld damit verdienten, Wasser vom Tal hoch in den Stausee zu pumpen. Die Verlierer waren die großen Energieversorger, die auf ihrem Strom aus fossilen und atomaren Kraftwerken sitzen blieben.

Allein Vattenfall Europe machte in dieser Nacht drei Millionen Euro Verlust. Der Grund dafür war die Art und Weise, wie an der Strombörse der Preis gebildet wird. Von allen Kraftwerken, die ihren Strom zum Verkauf anbieten, bestimmen jene mit den niedrigsten Brennstoffkosten den Preis. Über Jahrzehnte hatten dabei Atomkraftwerke und Braunkohlekraftwerke die Nase vorn. Im Jahr 2010 wurde der Handel erstmals auf Ökostrom ausgeweitet. Seither werden auch Wind, Wasser und Sonne zur Preisfestlegung herangezogen. Da die Naturelemente jedoch gratis sind, also Null Brennstoffkosten aufweisen, sinkt der Strompreis an der Börse, wie der deutsche Professor Uwe Leprich erklärt: „Je mehr Solarenergie ich im Netz habe, desto weniger werden die teuren Kraftwerke benötigt, um die Nachfrage zu befriedigen. Das heißt, die können abgestellt werden. Dadurch bestimmen die günstigeren Kraftwerke den Preis. Das heißt, der Börsenpreis sinkt in dem Moment." Im Extremfall kann es vorkommen, dass Strom für null Euro gehandelt wird oder sogar Negativpreise erzielt. Diese unerwartete Auswirkung von Ökostrom wird in Fachkreisen als Merit-Order-Effekt seit längerem heftig diskutiert.

Mittlerweile ist auch der Preis für Spitzenstrom in Bedrängnis geraten. Zu Zeiten hohen Verbrauchs wie etwa morgens, mittags und abends ist Strom um gut die Hälfte teurer als in den restlichen Tagesstunden. Dieser sogenannte Spitzenstrom war die bislang zuverlässigste Einnahmequelle der Energieversorger. Nun dringt erneuerbare Energie auch in diese Domäne vor. Der Energieexperte Hubert Fechner hat errechnet, dass deutscher Spitzenstrom im Jahr 2007 noch 60 Prozent mehr als Basisstrom kostete, drei Jahre später war der Unterschied auf 20 Prozent geschrumpft. Deutsche Windkraftwerke hatten den Markt mit billigem Strom überschwemmt, mit fossilen und atomaren Kraftwerken ließ sich kaum noch Geld verdienen. Scheint an einem windigen Tag noch dazu viel Sonne, übernehmen Solaranlagen und Windkraftwerke die Stromversorgung mittlerweile komplett, zumindest für einige Stunden. Ein eindrucksvolles Beispiel dafür war der 8. Mai 2011. An diesem Sonntag produzierten alle deutschen Photovoltaikanlagen und Windkraftwerke von ein Uhr bis halb vier Uhr nachmittags mehr Strom, als im größten Verteilernetz Deutschlands verbraucht wurde. Das Netz des RWE Konzerns versorgt immerhin 40 Prozent des Landes mit Elektrizität. In diesen zweieinhalb Stunden war die Energiewende bei Strom für halb Deutschland vollzogen, er stammte zu 100 Prozent aus erneuerbarer Energie.

Auf den Tag genau ein Jahr später wiederholte sich dieses Ereignis. Am 8. Mai 2012 waren von neun Uhr vormittags bis sechzehn Uhr nachmittags durchgehend über 10.000 Megawatt Solarstrom im Netz, mehr als aus allen Atomkraftwerken zusammen. Der Strompreis fiel daraufhin zu Mittag unter 40 Euro pro Megawattstunde, so tief wie normalerweise nachts um drei Uhr. Nur vier Monate später, am 14. September 2012, war erneut so viel Strom aus Wind und Sonne im Netz, dass halb Deutschland für eine Stunde zu 100 Prozent mit erneuerbarer Energie versorgt wurde.

Dies reicht jedoch nicht, um dauerhaft die Grundlast zu übernehmen, die von fossilen Kraftwerken geliefert wird. Die Leistung einer Windkraftanlage oder Photovoltaikanlage schwankt mit dem Wetter, laufend müssen daher fossile Kraftwerke einspringen, damit immer genügend Strom im Netz ist. Diese lassen sich aber nicht beliebig rasch hochfahren oder abschalten. Ein Atomkraftwerk benötigt dazu drei bis vier Tage, ein Kohlekraftwerk fünf bis sechs Stunden. Nur Gaskraftwerke mit vorgeheizter Turbine können binnen einer halben Stunde hochgefahren werden. Ein Nebeneinander von fossilen und erneuerbaren Kraftwerken wird deshalb immer schwieriger, je mehr Ökostrom im Netz ist. Sollen erneuerbare Energie die fossilen und atomaren Kraftwerke langfristig vollständig ersetzen, muss eine Lösung gefunden werden, um mit den großen Schwankungen von Wind und Sonne umzugehen. Diese können nämlich beachtliche Ausmaße annehmen, wie das Beispiel vom 25. Oktober 2011 zeigt. An diesem Wochentag hatten alle Windkraftwerke im Bundesland Niederösterreich zusammen mehr als 10.000 Megawattstunden Strom erzeugt. Die Interessensvertretung IG Windkraft hatte diesen windigen Tag gewählt, um eine Umfrage zu präsentieren, nach der drei Viertel aller Österreicher den weiteren Ausbau von Windkraft befürworteten. Einen Monat später produzierten dieselben Anlagen nur 45 Megawattstunden, ein halbes Prozent der Leistung vom Oktober. Es war ein nebliger und windstiller Tag, klassisches Allerheiligenwetter hatte sich übers Land gelegt. Die Windräder auf den Äckern übten sich in stiller Einkehr, die Stromversorgung musste von fossilen Kraftwerken übernommen werden. Auch zwei Wochen vor der legendären Dezembernacht im Jahr 2009 herrschten über Tage Windstille und Bewölkung, kaum drei Prozent aller Ökostromanlagen waren am Netz. Die erneuerbaren Energiequellen sind den Launen der Natur unterworfen, deshalb müssen wir für die Zukunft einen Weg finden, deren Kräfte in geordnete und zuverlässige Bahnen zu lenken. Eine Möglichkeit sind Energiespeicher, um die natürlichen Schwankungen abzufangen.

## Energiespeicher – Achillesferse des Energiewandels?

Dieser pointierte Titel eines deutschen Fachforums im Oktober 2012 in Köln brachte die zentrale Frage der Energiewende auf den Punkt. Wir werden in Zukunft Speicher brauchen, um die enormen Schwankungen bei der erneuerbaren Stromproduktion abzufangen. Doch welche Speicher könnten das sein? Jahrzehntelang war die Autobatterie das Maß aller Dinge. Mit 100 Kilowattstunden Energie in einem Kubikmeter Volumen schienen die Grenzen des Machbaren erreicht. Die ersten Elektroautos schleppten Hunderte Kilos Bleiakkumulatoren mit, um eine Reichweite von 100 Kilometer zu schaffen. Erst mit der Erfindung tragbarer Computer wurden die Stromspeicher kompakter. Der Lithium-Ionen-Akku eines Laptops erreicht heute die sechsfache Speicherdichte einer Autobatterie. Die Speicher scheinen gemeinsam mit der Miniaturisierung der Elektronik zu schrumpfen und werden dabei immer billiger. Ich frage mich bei modernen superflachen Tablets immer, wo da der Strom herkommt.

Bei den 25.000 Lithium-Ionen-Akkus im größten Batteriepark Europas stellt sich diese Frage nicht. Der in einer eigenen Halle untergebrachte Energiespeicher soll kurzfristige Schwankungen im Stromnetz ausgleichen, damit keine fossilen Kraftwerke hochgefahren werden müssen. „Jedes Megawatt installierte Batterieleistung ersetzt das Zehnfache an konventionellen Kraftwerken, die sonst für die stabile Stromversorgung sorgen", erklärt Clemens Triebel von der Firma Younicos, der die Batterien liefert. „Wir werden zeigen, dass sich solche Speicher schon heute rechnen." Der fünf Megawatt starke Batteriepark wurde vom Netzbetreiber

WEMAG bestellt, der im windreichen Mecklenburg-Vorpommern zu Hause ist. Die 800 Megawatt Windkraft im Netz von WEMAG decken mittlerweile den kompletten Strombedarf aller Kunden, zumindest rechnerisch. Die natürlichen Schwankungen des Windes sollen dabei künftig vom Energiespeicher ausgeglichen werden, der im September 2014 in Betrieb geht.

Diese Art der Speicherung wird auch in Elektroautos verwendet. Manche sehen darin die Speicherlösung der Zukunft. Auch wenn einmal Millionen Elektroautos auf den Straßen sind, kann man davon ausgehen, dass diese wenig gefahren werden. Ein Auto ist im Schnitt etwa 40 Minuten am Tag unterwegs, die restliche Zeit steht es. Ist eine Steckdose in der Nähe, könnte der Besitzer sein Elektroauto künftig einem Stromversorger gegen Gebühr als Kurzzeitspeicher anbieten. Ist zuviel erneuerbarer Strom in Netz, kann der Versorger bei Tausenden solcher Kunden halbvolle Batterien aufladen und damit einen Preisverfall an der Strombörse abwenden. Liefern die Ökostromanlagen zu wenig, könnte der Energieversorger die Erlaubnis erhalten, volle Batterien bis zur Hälfte zu entladen und den Strom ins Netz zu holen. Große Elektronikkonzerne wie Siemens und Kapsch scharren schon in den Startlöchern, um diesen neuen Markt nicht zu verpassen. Hunderttausende Carports und Garagen müssten mit intelligenten Stromzählern („Smart Meter") ausgestattet werden, um diese Art des Stromhandels zu ermöglichen. Es bleibt jedoch abzuwarten, ob die Vorteile eines kleinteiligen Stromaustausches mit Millionen Verbrauchern den gewaltigen bürokratischen Aufwand lohnen, den dieses System unweigerlich mit sich bringt.

Eine Alternative wäre, den überschüssigen Strom in Gas umzuwandeln. Das technische Verfahren dazu wurde bereits 1902 von dem Franzosen Paul Sabatier entdeckt. Dabei wird Wasser mit Hilfe von Strom in Wasserstoff und Sauerstoff gespalten. In einer weiteren chemischen Reaktion wird Wasserstoff mit Hilfe von Kohlendioxid in Methan, also Erdgas, umgewandelt. Mit Überschussstrom aus Ökostromanlagen könnte man auf diese Weise sozusagen erneuerbares Erdgas herstellen. Manche sprechen auch von Windgas oder Solargas, je nachdem, aus welcher Quelle der Strom stammt. Das erzeugte Ökogas würde über das vorhandene Gasnetz in große Kavernen geleitet, wo es auf die nächste Windflaute oder Wolkenbank wartet. Dann wird es zurück ins Gasnetz und in große Kraftwerke geleitet, die es erneut in Strom umwandeln. Das Speicherproblem wäre damit gelöst, allein in Deutschland gibt es 47 Gaskavernen mit einem Volumen von 21 Milliarden Kubikmetern. In den Kavernen ließen sich 140 Terawattstunden Strom in Gasform speichern. Um die Schwankungen bei Wind und Sonne übers Jahr auszugleichen, wäre eine Speicherkapazität von 40 Terawattstunden erforderlich. Die Gaskavernen sind also mehr als dreimal so groß wie für eine Vollversorgung mit erneuerbarer Energie notwendig. Hinzu kommt das 440.000 Kilometer lange Erdgasnetz im ganzen Bundesgebiet, das einen beachtlichen Kurzzeitspeicher darstellt. Die Größenordnungen betragen jedenfalls ein Vielfaches dessen, was ein System mit Elektroautos als Speicher jemals leisten kann. Selbst wenn alle 43 Millionen Fahrzeuge auf Deutschlands Straßen mit Ökostrom unterwegs wären, könnte ihre Batterieleistung nur einen Puffer von etwa sechs Stunden bilden, wie das Fraunhofer-Institut für Windenergie und Energiesystemtechnik in Bremerhaven errechnete.

Bei der Umwandlung von Strom in Gas und zurück gehen allerdings zwei Drittel der Energie verloren, auf diese Weise Ökostrom zu speichern ist heute noch ineffizient. Daher wird auch über eine direkte Nutzung von Ökogas nachgedacht, ohne den Umweg einer Verstromung. Diesen Weg verfolgen Greenpeace, Audi und der Oldenburger Energiekonzern EWE AG. Im niedersächsischen Werlte errichteten sie eine Pilotanlage zur Herstellung von synthetischem Erdgas aus erneuerbarem Strom. Nach einem erfolgreichen Probebetrieb wurde im Juni 2013 die weltweit erste industrielle Anlage eingeweiht. Mit dem sogenannten e-gas aus Werlte sollen 1500 Audi A3 Sportback g-tron betankt werden, die damit pro Jahr 15.000 Kilometer zurücklegen können sollen. Die Auslieferung des ersten serienmäßigen Erdgasmodells des Autokonzerns erfolgte Ende desselben Jahres.

## Alter Wein in neuen Schläuchen

Eine Schwachstelle der neuen Energieversorgung ist die Verteilung von erneuerbarer Energie, sobald es um große Mengen geht. Vor allem bei Strom ist dies in den letzten Jahren deutlich geworden. Bei einem Sturmtief über Norddeutschland werden enorme Mengen Strom erzeugt, die nicht sofort verbraucht werden können. Sie müssen in andere Teile des Landes oder ins Ausland umgeleitet werden. Dies kann das Energiesystem rasch an seine Grenzen bringen, wie der Chef des deutschen Stromnetzbetreibers 50Hertz, Boris Schucht, schildert: „In unserem Netzgebiet sind die Nord-Süd-Verbindungen schon heute an etlichen Tagen im Jahr komplett ausgelastet. Unsere Stromleitungen glühen dann. Ohne neue Leitungen werden wir diese Energie nicht zu den Verbrauchszentren im Süden bringen können." Die Prognos AG hat für Deutschland errechnet, dass der Stromüberschuss im Norden im Jahr 2020 bis zu 70 Terawattstunden betragen könnte. Das ist mehr als der gesamte Stromverbrauch Österreichs. In den bestehenden Netzen ist dieser gigantische Stromtransport nicht machbar. Vor allem Stromkonzerne machen daher Druck, um neue Überlandleitungen quer durchs ganze Land zu ziehen. Als Begründung wird die gewaltige Strommenge aus Windparks auf offener See ins Feld geführt, die künftig landesweit verteilt werden muss. Sollte der Ausbau nicht rasch genug vonstatten gehen, so warnen sie, drohe das Netz zusammenzubrechen. Ein Blackout in weiten Teilen Deutschlands wäre die Folge.

Auch die österreichische Stromwirtschaft arbeitet mit diesem Angstbild, im Juni 2012 verschickte sie eine Einladung zur Tagung „Unterschätztes Risiko Blackout" mit einer nächtlich beleuchteten Skyline am Cover. Kippte man das Bild, wurde es dunkel. Blackout live als Überraschungseffekt. Thema der Tagung war natürlich der Netzausbau, um künftigen Stromausfällen entgegenzuwirken. „Zehn Stunden ohne Strom verursachen über eine halbe Milliarde Euro Schaden für unsere Volkswirtschaft", warnte Barbara Schmidt, die Organisatorin der Tagung. Damit malte sie indische Verhältnisse an die Wand, wo beim schwersten Stromausfall in der Geschichte des Landes im Sommer 2012 Hunderte Millionen Menschen einen halben Tag ohne Elektrizität waren. Mit einer halben Stunde Stromausfall pro Jahr ist Österreich meilenweit von diesem Schreckensbild entfernt.

Für Stromhändler sind neue Überlandleitungen in erster Linie Handelswege, über die sie ihre Ware Strom über weite Strecken verkaufen können. Die großen Trassen mit 380.000 Volt eignen sich sehr gut, um Strom über Staatsgrenzen hinweg um gutes Geld zu transportieren. Meist wird von den klassischen Stromversorgern erneuerbare Energie nur vorgeschoben, um den internationalen Netzausbau fürs große Geschäft mit dem Stromhandel voranzutreiben. Dabei ist ein zentrales Merkmal der Energiewende die dezentrale Erzeugung, die dort einen Ausbau erfordert, wo der erneuerbare Strom eingespeist wird. Das Beratungsunternehmens Ecofys hat festgestellt, dass Solarstrom zu 80 Prozent ins Netz vor der Haustür fließt. Daher sei vor allem der Ausbau des Niederspannungsnetzes entscheidend. Die Energiewende darf jedenfalls nicht zu altem Wein in neuen Schläuchen werden, also zu einer Fortsetzung des alten Systems mit neuen Mitteln.

Der Kern der Energiewende ist die Ablösung der überholten zentralen Strukturen durch eine neue dezentrale Versorgung. Für die klassische Energiewirtschaft ist das ein Kulturschock, sie versucht daher den Wandel so lange wie möglich aufzuhalten. „Wir befinden uns in der größten Branchenkrise aller Zeiten", beschreibt RWE-Chef Peter Terium die Situation. Die vier großen Stromversorger E.ON, EnBW, Vattenfall Europe und RWE beherrschen zwei Drittel des deutschen Strommarktes, bei den erneuerbaren Energien mischen sie allerdings nur zu sieben Prozent mit. Als der Anteil erneuerbarer Energie an der Stromversorgung im Jahr 2011 die 20-Prozent-Marke überschritt, hatte die RWE erst ein Prozent erneuerbare Energieanlagen im Portfolio. Laut dem deutschen Bundestagsabgeordneten Hans-Josef Fell hat das einen einfachen Grund: „Die Renditen von fünf bis sieben Prozent bei Ökostrom waren diesen Unternehmen bisher einfach zu wenig, um zu investieren. Sie sind gewohnt, 20 Prozent Rendite zu haben, erst dann investieren sie in Energieanlagen."

Ein Projekt, das diese Renditen mit erneuerbarer Energie auch in Zukunft verspricht, ist DESERTEC. Anfang 2009 gründete die Deutsche Gesellschaft Club of Rome zusammen mit Wissenschaftlern und privaten Förderern eine Stiftung, um mit Solarkraftwerken in Nordafrika Strom für den Export nach Europa zu produzieren. Unterstützt wird das Projekt von einer Industrieinitiative, die im Geschäft mit Großprojekten zu Hause sind, wie ABB, E.ON, MAN, RWE und Siemens. Wenn ich von Journalisten gefragt werde, was ich von DESER-TEC halte, erkläre ich stets, das Projekt sei bloß alter Wein in neuen Schläuchen. Große zentrale Solarkraftwerke in Nordafrika ändern nichts an der Abhängigkeit unserer Energieversorgung von fernen unsicheren Regionen. Wir tauschen bloß eine Abhängigkeit durch eine andere. Statt Öl unter den Sanddünen im Nahen Osten beziehen wir dann Solarstrom aus der Wüste Nordafrikas. Stellen wir uns vor, DESERTEC hätte bereits Strom nach Europa geliefert, als im Jahr 2012 die Revolutionen in Tunesien, Libyen und Ägypten ausbrachen. Hätten die Betreiberfirmen der Solarkraftwerke ihre Mitarbeiter aus Sicherheitsgründen ebenso abgezogen, wie das bei den Ölfirmen der Fall war? Ich denke schon. Im August 2013 musste Europas größter Ölkonzern Shell nach politischen Konflikten im ganzen Land erneut seine ägyptischen Büros schließen. Das Land befand sich am Rand eines Bürgerkrieges, keiner wusste, wie es weitergehen würde. Der Weg, den das Projekt DESERTEC verkörpert, bietet nicht mehr Energiesicherheit als die Ölversorgung von heute. Vielleicht ist das mit ein Grund, warum es um das Projekt im Jahr 2013 ruhiger geworden ist. Im Sommer des Jahres kündigte die DESERTEC-Stiftung die Zusammenarbeit mit der Industrieinitiative auf, von den 50 Gründungsmitgliedern der Initiative sind nur noch 30 übrig. Die Idee des Projekts ist im alten Denken der Zentralisierung verhaftet, die Energiewende hingegen hat das Ziel, die reichlich vorhandenen erneuerbaren Energiequellen in jedem Land dort zu nutzen, wo die Energie gebraucht wird.

Natürlich weiß ich, dass die meisten Menschen nicht umgeben von fruchtbaren Feldern, windumwehten Hügeln, üppigen Wäldern und rauschenden Bächen leben, wo erneuerbare Energie in Hülle und Fülle vorhanden ist. In der Europäischen Union leben 70 Prozent der Bevölkerung in Städten, Tendenz steigend. Haben wir auch dort genug erneuerbare Energiequellen, um die Versorgung abzusichern?

Der Verband Austria Solar hat dazu vor einigen Jahren in Wien ein interessantes Experiment durchgeführt. Am Tag der Sonne wurde ein Duell mit der Frage veranstaltet: Wird die Sonne am Freitag, den 9. Mai 2003, mehr Energie auf Wiens Dächer strahlen, als alle Bewohner an diesem Tag an Strom, Gas und Fernwärme verbrauchen? Jede Minute wurde die Sonneneinstrahlung gemessen und auf alle südseitigen Dächer Wiens hochgerechnet, als ob überall Solaranlagen montiert wären. Aus den Verbrauchsdaten des Energieversorgers wusste man, dass der Energiebedarf bei etwa 82.000 Megawattstunden lag. Würde es der Sonne gelingen, mehr Energie zu liefern, als Wien verbrauchte? Das Ergebnis fiel schließlich knapp, aber eindeutig aus. Um zwei Uhr nachmittags hatte die Sonne 93.000 Megawattstunden auf die Dächer eingestrahlt und damit den Tagesbedarf mehr als gedeckt. Die Sonne hat das Duell gerade rechtzeitig gewonnen, eine halbe Stunde später setzte Regen ein.

In den meisten Städten entspricht das Solarpotenzial aller südseitigen Dächer fast genau dem Energiebedarf der Bevölkerung an Warmwasser und Heizung. In der Stadt Graz liefert die Sonne bereits 90 Prozent der Energie, die im Sommer für Warmwasser gebraucht wird. Dafür wurden 13.000 Quadratmeter Sonnenkollektoren mit einer Leistung von 9 Megawatt Wärme installiert, die ins städtische Fernwärmenetz einspeisen. Für die komplette Versorgung einer Stadt mit Wärme, Strom und Treibstoffen werden die Energiequellen vor der Tür jedoch nicht reichen, es wird notwendig sein, auch das Umland einzubeziehen. Stephan Wilforth von Tetraeder Solar meint, es könnte zukünftig zu einer Konzentration der erneuerbaren Energieerzeugung im Umland der Städte kommen. Für die ländliche Bevölkerung im Umkreis der Städte könnte eine neue Einnahmenquelle entstehen, wenn sie erneuerbare Energie vor Ort an die Stadt verkaufen. „Die Großstädte beziehen ihre Energie künftig aus den benachbarten Regionen, das Verhältnis von Stadt zu Land wird neu definiert. Das Umland wird zum Energielieferanten für die Stadt und profitiert von den Erträgen." Die Umlandgemeinden der Städte könnten zu Gewinnern der Energiewende werden, wenn sie die Rolle der Energieversorgung übernehmen. Dazu müssen im nächsten Jahrzehnt einige Weichen gestellt werden, wie wir noch sehen werden.

# Erneuerbare Energie übernimmt Komplettversorgung

„Der Kopf ist rund, damit das Denken
die Richtung wechseln kann."

*Francis Picabia*

Ich hatte eigentlich gar nicht vorgehabt, auf das Fest zu gehen. Die Woche war anstrengend gewesen und das Sommerfest des Klimafonds würde sicher wieder bis in die späten Abendstunden dauern. Irgendwann raffte ich mich dennoch auf, weil man dort viele interessante Leute trifft, die an der Energiewende arbeiten. Diese Entscheidung stellte sich im Nachhinein als großes Glück heraus. Im Lauf der Gespräche an diesem Abend wurde mir zum ersten Mal klar, was das wichtigste Problem der Energiewende war. Es war die Rolle der Firmen und Verbände für erneuerbare Energie, die die volle Verantwortung für den Umbau des Energiesystems übernehmen mussten, damit er in ihrem Sinne gelang. Auf diesen Gedanken hatte mich Andreas Eigenbauer gebracht, der ebenfalls zum Fest gekommen war. Der Energiebeauftragte der Stadt Wien hatte sich geduldig meine Kritik angehört, die klassischen Energieversorger würden nur mauern, statt sich ernsthaft mit der Energiewende zu beschäftigen. „Die Vertreter der erneuerbaren Energie machen es sich leicht, die haben keine Versorgungsidentität", entgegnete er achselzuckend und schnappte sich ein Weinglas vom Tablett des vorbeihuschenden Kellners. Ich war verdutzt. Das Wort „Versorgungsidentität" hatte ich in 20 Jahren Beschäftigung mit der Energiewende noch nie gehört. Es ging immer um den Zubau an Quadratmetern oder Kilowattstunden, jedes zusätzliche Prozent am Energiemix wurde gefeiert. Als Vision stand die Zahl 100 am Horizont, dann hätten fossile und atomare Energien ausgedient. „Was meinst du damit?", fragte ich erstaunt. „Die Verbände und Firmen schielen doch nur auf Zuschüsse und Einspeisetarife", antwortete er und schüttelte den Kopf. „Versorgungsverantwortung wollen sie aber keine übernehmen." Ich fand diesen Vorwurf absurd, ein typisches Ablenkungsmanöver eines Vertreters des alten Energiesystems. Je mehr ich jedoch darüber nachdachte, umso mehr stellte ich zu meiner Verblüffung fest, dass ich ihm recht gab.

Die Verfechter der erneuerbaren Energie sehen unser Energiesystem tatsächlich als eine Art Blackbox, in die die klassischen Energieversorger automatisch immer jene Energiemenge nachfüllen, die sie selbst gerade nicht liefern können. Das ist ein wenig wie bei Studenten, die im Streben nach völliger Unabhängigkeit mit stolzer Miene von zu Hause ausziehen und dann jede Woche heimkehren, um ihre Wäsche von Mama waschen zu lassen. Tatsächlich müssen derzeit fossile Kraftwerke hochgefahren werden, wenn nicht genug Ökostrom zur Verfügung steht. Liefert eine Solaranlage nicht genug Wärme, springt die Gasheizung automatisch an. Wird in einem strengen Winter mehr als üblich geheizt, wird so manche Nahwärmeanlage mit Biomasse durch einen Ölbrenner unterstützt. Eine wirkliche Energiewende verlangt dagegen, dass erneuerbare Energien die gesamte Verantwortung für die Versorgung übernehmen, ohne fossiles und atomares Backup. „Die Verbände müssen anfangen, konkrete Vorschläge auf den Tisch zu legen, wie die Energieversorgung im Detail umgebaut werden muss, um völlig ohne Öl, Gas, Kohle und Atom zu funktionieren", argumentiert Günther Brauner. Der Universitätsprofessor an der Technischen Universität Wien befasst sich seit Jahren mit der Frage, welche Veränderungen notwendig sind, um die Energiewende in vollem Umfang zu verwirklichen.

„Die Branche für erneuerbare Energie muss Verantwortung fürs Gesamtsystem der Energieversorgung übernehmen", ist auch Josef Plank überzeugt. Der Präsident des Dachverbandes Erneuerbare Energie Österreich weiß, dass die Zeit drängt. Die Gesamtleistung der erneuerbaren Energien hat eine Größenordnung erreicht, die in das Energiesystem eingreift und vieles durcheinander bringt. Daher braucht es jetzt klare Vorstellungen, wie es weitergeht. Wie sieht die gesamte Energieversorgung allein mit erneuerbaren Energien aus? Was würde so bleiben, wie es ist, und was muss sich ändern? Werden wir dann auch rund um die Uhr genug Strom und Wärme zur Verfügung haben? Kostet Energie in Zukunft mehr als heute? Noch fehlt der Politik ein Plan, was zu tun ist, um die Energiewende zu vollbringen. Es liegt in der Verantwortung der Vertreter für erneuerbare Energie, diesen Plan zu liefern.

## Die Stromwelt selbst gestalten

Ein Beispiel für die Verantwortung, die den Verbänden bevorsteht, ist die heftig geführte Diskussion um das deutsche Erneuerbare-Energien-Gesetz EEG. Mit 25 Prozent der deutschen Stromerzeugung hat erneuerbare Energie mittlerweile eine Größenordnung erreicht, die das bisherige Vergütungssystem für Ökostrom allmählich aus den Angeln hebt. Jede Kilowattstunde Strom aus Windkraft, Solarenergie oder Biomasse erhält einen gesetzlich festgelegten Einspeisetarif, in Deutschland für 20 Jahre, in Österreich 13 Jahre lang. Die Stromnetzbetreiber sind verpflichtet, den Strom um diesen Tarif zu kaufen, die Kosten dafür werden auf alle Stromverbraucher aufgeteilt, in Form der sogenannten EEG-Umlage (ein Aufschlag auf den Strompreis). Sie finden diese Umlage auf Ihrer Stromrechnung als „Ökostrompauschale". Diese Art der Förderung von Ökostrom hat sich als sehr wirksam erwiesen und wurde weltweit von über 50 Staaten übernommen, selbst China setzt auf dieses Modell. Viele neue Ökostromanlagen erhöhen jedoch die Kosten, die auf alle Stromkunden aufgeteilt werden müssen. Vor allem der rasante Ausbau der Photovoltaik hatte zu einer merklichen Erhöhung der EEG-Umlage geführt, bei der Bevölkerung und Betriebe plötzlich Protest einlegten. Die Politik, die den Ausbau über Jahre aktiv unterstützt hatte, geriet in eine Zwickmühle. Chemiekonzerne und andere Unternehmen mit hohem Stromverbrauch machten Druck, den anhaltenden Anstieg der Strompreise durch den Ausbau der Ökostromerzeugung einzubremsen. Für große industrielle Stromverbraucher sei die EEG-Umlage längst existenzgefährdend, erklärten mehrere Führungskräfte von börsennotierten Konzernen und Familienunternehmen in einer Umfrage der *Frankfurter Allgemeinen Zeitung*. Die Regierung in Deutschland gab dem Druck aus der Wirtschaft nach und erließ Ausnahmen für jene Unternehmen, die besonders viel Strom verbrauchen. Die deutschen Betriebe wurden daraufhin sehr kreativ, um sich dieses Privileg zu sichern. Große Supermarktketten gründeten Tochtergesellschaften, die die Tiefkühltruhen aller Filialen betreiben. Das neue Unternehmen hat einen hohen Stromverbrauch und ist damit von der Umlage befreit. Selbst Schnitzelwirte und Golfplätze haben es auf die Liste der befreiten Betriebe geschafft. Wie das ARD-Magazin *Monitor* ermittelte, sind mittlerweile 1600 Betriebe von der EEG-Umlage teilweise oder zur Gänze befreit. Für 2014 haben weitere 700 Betriebe eine Befreiung beantragt.

Die Unternehmen sparen sich damit rund vier Milliarden Euro pro Jahr, die von den Haushalten zusätzlich geschultert werden müssen. „Das ist eine Verabschiedung aus der Solidargemeinschaft der Verbraucher", warnt der Energieexperte Jürgen Maier vom deutschen Forum Umwelt & Entwicklung. Die Frage ist, wie lange sich die Bevölkerung das gefallen lässt. Der deutsche *Spiegel* schrieb im März 2012 vom „Solar-Wahn der Bundesregierung", der den Stromkunden 100 Milliarden Euro Mehrkosten in den nächsten 20 Jahren bescheren wird. Auch in Österreich wurden zunehmend Stimmen laut, die vor Preissteigerungen durch die Energiewende warnten. „Weil die

Investitionen in Windkraft und Sonnenenergie viel Geld kosten, wird der Strompreis in Österreich in den nächsten Jahren um 25 Prozent steigen", prophezeite Walter Boltz im Juni 2012 in einem Interview mit dem *Wirtschaftsblatt*. Der Chef der Stromregulierungsbehörde E-Control hatte begonnen, die Energiewende laufend öffentlich zu kritisieren, im April 2013 bezeichnete er sie in einem Interview sogar als gescheitert. Der eigentliche Sinn der Energiewende schien in der öffentlichen Wahrnehmung verloren gegangen zu sein, es wurde nur mehr über Kosten diskutiert. Im Sommer 2013 versprach der deutsche Umweltminister Altmaier schließlich, weitere Erhöhungen der EEG-Umlage „gleich nach der Bundestagswahl" zu verhindern. Damit wurde die Energiewende zum Wahlkampfthema. Über Wochen stritten die Parteien darüber, welche Belastung den Haushalten durch die Energiewende noch zumutbar sei. Die Regierung versprach, auch nach der Wahl an den großzügigen Ausnahmen für Unternehmen festzuhalten, die von den Haushalten bezahlt werden mussten. Dafür sollte das EEG in ein Quotenmodell umgewandelt werden, um den Ökostromausbau und damit die Umlage einzubremsen. Für die Energiewende hätte das fatale Folgen, wie Hans-Josef Fell meint: „Sie wird dann nicht mehr von den Bürgern getragen, sondern von Konzernen. Diese würden nur versuchen, die Quote der Regierung zu erfüllen, der Zubau wird damit auf einen vorgegebenen Wert beschränkt."

Der massive Protest der Verbände gegen diese Lösung allein wird nicht reichen. „Wir brauchen einen Systemwechsel und eine Revolution, die in neue Strukturen und Geschäftsmodelle mündet", meint Martin Baumert vom deutschen

Bundesverband der Energie- und Wasserwirtschaft. Seiner Meinung nach liegt die Verantwortung bei den Verbänden, Vorschläge zu machen, wie es nach dem EEG weitergeht. „Das EEG ist nicht dafür ausgelegt, Anteile jenseits von 50 Prozent erneuerbare Energie zu bewältigen", sagt Helmuth Groscurth vom Hamburger Arrhenius Institut für Energie- und Klimapolitik. Es geht nicht mehr nur um eine wirtschaftliche Vergütung für Ökostrom, es geht um den Umbau des gesamten Systems der Stromversorgung. Diese Aufgabe allein Politik und Stromwirtschaft zu überlassen hieße, den Bock zum Gärtner zu machen. Von dieser Seite sind keine neuen Regeln und Strukturen für die Energiewende zu erwarten. Die Verbände für erneuerbare Energie werden selbst gestalten müssen, wie die Energieversorgung in Zukunft aussehen soll.

## Solarwärme rund um die Uhr

„Bei der Energiewende wird meist nur über Strom diskutiert, dabei ist Wärme der viel größere Brocken", meint Josef Plank. Die Hälfte des Energieverbrauchs in der Europäischen Union wird für Warmwasser, Heizung und Prozesswärme benötigt. Meist wird dafür Öl, Gas oder Kohle verbrannt, erneuerbare Energien tragen nur zu einem Zehntel bei. Selbst bei einem massiven Ausbau erneuerbarer Energie könnte der Ausstieg aus fossilen Energien bis 2040 dauern, hat die europäische Plattform für erneuerbare Wärme errechnet. Dabei hat sie angenommen, dass besser gedämmte Häuser und effizientere Heizanlagen den Energiebedarf um mindestens 20 Prozent senken. Allein mit Holzheizungen wird dieser Umstieg nicht gelingen, dafür reicht der Wald in Europa nicht aus. Selbst im waldreichen Österreich können nur noch etwa eine halbe Million Haushalte von fossiler Energie auf Biowärme umstellen, dann wird es eng. „Die weiteren Ausbaupotenziale aus dem Wald nach dem Jahr 2020 sind begrenzt", hat der Österreichische Biomasse-Verband ermittelt.

Wir werden uns daher in Zukunft stärker einer anderen Energiequelle zuwenden müssen, die in der Geschichte der Menschheit immer schon eine zentrale Rolle gespielt hat. Als im antiken Griechenland vor 2500 Jahren das Brennholz knapp wurde, begann man Häuser zu bauen, die nach der Sonne ausgerichtet waren. „In Häuser, die nach Süden blicken, dringt die Sonne im Winter durch die Vorhalle bis in die Wohnräume vor und wärmt sie", beschrieb Sokrates die neue Bauweise, der auch sein eigenes Haus entsprach. Die massigen Mauern und die dicken dunklen Platten des Steinfußbodens saugten sich tagsüber mit Sonnenwärme voll und strahlten sie nachts wieder ab. Heute steht uns noch eine andere Technik zur Verfügung, um die Sonne ins Haus zu holen. Der Schweizer Naturforscher Horace Bénédict de Saussure hatte im Jahr 1767 drei kleine, ineinander gestellte Holzkästchen gebaut, die er mit Glas abdeckte und rundherum mit Kork versah. Schien die Sonne darauf, stieg die Temperatur im innersten Kästchen auf bis zu 160 Grad Celsius. Damit war die Idee des heutigen Sonnenkollektors geboren.

Die erste Solaranlage mit Kollektor und Speicher ließ der kalifornische Unternehmer Clarence M. Kemp im Jahr 1891 patentieren. Bereits sechs Jahre später wurde sie in jedem dritten neuen Haus der kalifornischen Stadt Pasadena installiert.

Als ich meiner Frau vor zwei Jahren mitteilte, dass auch wir die Sonne nutzen sollten, um die Gasrechnung fürs Heizen klimafreundlich zu verringern, nickte sie und sagte: „Es wundert mich, dass dir das erst jetzt einfällt." Damals war ich bereits zehn Jahre als Geschäftsführer von Austria Solar tätig, einem Branchenverband für Solarwärmeanlagen. Ich nahm Kontakt zu einem Handwerker auf und ließ mir ein Anbot schicken. Als ich ihn nach seiner Einschätzung fragte, wie viel die Solaranlage von der Heizung übernehmen könne, blieb die Antwort vage. „Wie oft die Solaranlage allein ohne Gastherme das Haus warm halten wird, kann ich nicht sagen. Hängt vom Wetter ab. Bringen wird sie aber auf jeden Fall was." Ich war verblüfft, immerhin sollte die Anlage mehr als 15.000 Euro kosten. Im normalen Heizungsgeschäft wäre ein derart vages Versorgungsversprechen undenkbar. Kein Kesselhersteller würde es wagen, eine Heizung mit den Worten zu verkaufen: „Der neue Kessel wird Ihr Haus den ganzen Winter warm halten, falls es nicht zu kalt wird. Ob sich das aber bei minus 15 Grad auch noch ausgeht, kann ich Ihnen nicht sagen."

Eine Solaranlage mit 20 Quadratmetern Kollektorfläche, wie ich sie schließlich installierte, kann in einem gut gedämmten Haus von Frühling bis Herbst zuverlässig die gesamte Heizung übernehmen. Auch meine Anlage schafft es, an kühlen Herbsttagen das Haus ganz ohne Hilfe der Gastherme kuschelig warm zu halten. Um möglichst viele Menschen zu überzeugen, das halbe Jahr allein mit der Sonne zu heizen, müssen Solarfirmen und Installateure in Zukunft die Verantwortung übernehmen und das garantieren. Für eine Energiewende wird das jedoch nicht reichen. Solaranlagen werden die Heizung über das ganze Jahr übernehmen müssen, um den Ausstieg aus fossiler Energie zu schaffen. Der Solarpionier Josef Jenni aus der Schweiz zeigte vor über 20 Jahren am praktischen Beispiel eines Einfamilienhauses, wie das geht. Im Jahr 1997 folgte die Familie Nader in der Steiermark seinem Beispiel. Sie montierten 85 Quadratmeter Kollektoren über dem Wintergarten und stellten einen Speicher mit 75.000 Litern auf, der ihnen das ganze Jahr mehr Wärme liefert, als sie benötigt. „Seit 16 Jahren haben wir jetzt keine Heizung außer der Solaranlage, da haben wir uns eine Menge Geld erspart", berichtete Klaus Nader lächelnd, als er sein Gebäude bei einer Tagung im März 2013 vorstellte. Drei Jahre nach Naders Haus ging in Vorarlberg eine Industriehalle in Betrieb, die ebenfalls nur mit der Sonne beheizt wird. Als ich die Halle im Jahr 2005 besuchte, fragte ich Martin Winkler, den Geschäftsführer des Unternehmens, wo der große Solarspeicher sei, ich konnte ihn nirgends sehen. „Sie stehen darauf", antwortete er schmunzelnd und zeigte auf den Betonboden, der sich durch die ganze Halle zog. Statt eines großen Wasserspeichers wurde das Fundament des Gebäudes genutzt, um die Sonnenwärme zu speichern. Es war mit Wasserschlangen durchsetzt und gab die Wärme langsam an die Oberfläche ab, was der Halle übers Jahr eine gleichmäßige Temperatur bescherte. Die Technik war erstaunlich simpel, die Kunst lag in der durchdachten Planung. Mittlerweile gibt es ein Dutzend derartiger Gebäude in Österreich, die nur geringfügig mehr kosten als vergleichbare Hallen mit einem Heizkessel, da der Einbau einer zusätzlichen Heizung wegfällt.

„Wir sollten alle Anstrengungen unternehmen, dass ab dem Jahr 2020 neue Gebäude ausschließlich mit der Kraft der Sonne mit Wärme versorgt werden", fordert Harald Kuster. Der Haustechnikplaner hat in vielen Gebäuden bewiesen, dass Heizen allein mit der Sonne funktioniert. Es liegt in der Ver-

antwortung der Solarbranche, die Technologie rasch weiterzu-
entwickeln und in die Breite zu bringen. Nur so können sie
den Weg weiter ebnen, der zum Ausstieg aus der fossilen Wärmeversorgung führt.

## Mitten im Establishment

Die Energiewende wird nicht nur durch fehlende Technologien gebremst. Auch die traditionell starke Verbindung zwischen Energieversorgern und Politik hemmt den Umbau des
Energiesystems. Viele Energieunternehmen stehen mehrheit-
lich im Eigentum der öffentlichen Hand, in den Aufsichtsräten
sitzen oft Landesräte und Vertreter der Verwaltung. Immer
wieder finden Personalrochaden zwischen Politik und Energiewirtschaft statt, ein Spitzenmanager der Ölindustrie hat es
in Österreich sogar bis zum Bundeskanzler gebracht. Dieser
enge Austausch erleichtert es den Energieversorgern, den
gesetzlichen Rahmen nach ihren Vorstellungen mitzugestal-
ten. Die Politik wiederum vertraut darauf, dass dadurch eine
zuverlässige und sichere Versorgung mit Energie gesichert ist.
„Die technische Intelligenz für die Energiewende ist bei den
Energieversorgern zu finden", ist Wirtschaftsminister Mitterlehner überzeugt. So wie ihm fehlt den meisten Politikern das
Vertrauen, dass die Branche für erneuerbare Energie genügend Wissen und Erfahrung mitbringt, um die gesamte Energieversorgung zu übernehmen.

Wenn Energiewende bedeutet, die bewährten Regeln auf-
zugeben und durch völlig neue zu ersetzen, was sind dann die
Konsequenzen? Können erneuerbare Energiequellen die
Energieversorgung mit derselben Zuverlässigkeit sichern, wie

wir es gewohnt sind? Oder müssen wir uns auf Stromausfälle und Teuerungswellen gefasst machen? Die Antworten darauf müssen in Zukunft dort landen, wo die Entscheidungen fallen. Dafür werden die Vertreter für erneuerbare Energie stärker im Establishment der Energieversorgung mitmischen müssen.

Eine Möglichkeit ist, sie in Aufsichtsräte und Vorstände von Energieversorgern und politisch einflussreichen Organisationen zu entsenden. Ein Beispiel ist der deutsche Unternehmer Günther Kramer, der seit dem Jahr 2011 im Aufsichtsrat des Energieversorgers EnBW sitzt. Dies ist kein kleiner Regionalversorger, sondern einer der vier Riesen am deutschen Strommarkt. Kramer gründete vor 30 Jahren das Unternehmen SMA, das heute mit einem Umsatz von eineinhalb Milliarden Euro weltgrößter Hersteller von Wechselrichtern ist. Die Nominierung war von Wirtschaftsminister Nils Schmidt ausgegangen, der die wirtschaftspolitische Bedeutung des Solarunternehmens für das Bundesland Baden-Württemberg erkannte. Kramer sieht seine Rolle darin, „EnBW in Richtung eines modernen Energieanbieters ohne Atomstrom" zu lenken, der in Zukunft für die Energiewende gewappnet ist.

In Kärnten ist der Unternehmer Robert Kanduth seit Jahren im Vorstand der Industriellenvereinigung und des Wirtschaftsbundes tätig, den wichtigsten Wirtschaftsvertretungen des Landes. „Die Entscheidungsträger müssen erkennen, dass es ohne erneuerbare Energie keine sichere Energiezukunft gibt", beschreibt er die Motivation, sich in den Gremien zu engagieren. Der Solarpionier und Gründer des Weltmarktführers GREENoneTEC zählt in Österreich in etablierten Wirtschaftskreisen zu den hochrangigsten Vertretern für erneuerbare Energie. Fast die gesamte Bundesregierung war bereits in seiner Kollektorfertigung zu Gast. Meist sind die Politiker vom industriellen Standard der Fertigung überrascht, sie erwarten beim Thema Solarwärme immer noch eher Handarbeit.

Ähnlich erging es Joachim Gauck, der im Frühjahr 2012 durch Deutschland reiste, um allen Bundesländern einen Antrittsbesuch als neuer Bundespräsident abzustatten. In Baden-Württemberg stand der Besuch einer Solarfirma auf dem Programm. Die Firma Ritter hatte eigens eine kleine Produktionsstraße aufgebaut, wo man auf wenigen Metern sehen konnte, wie ein Vakuumröhrenkollektor entsteht. Mit Schutzbrille und Arbeitshandschuhen durfte der Präsident Glasröhren über Absorber schieben und den selbstgefertigten Kollektor anschließend signieren. Der Präsident war beeindruckt, der direkte Kontakt mit der Technologie hatte seine Neugier geweckt. „Bei Ideologien schwenke ich ab, aber bei Technik werde ich aufmerksam", sagte Gauck.

Nicht bei allen Politikern kann man gleich mit einem Rundgang in der Fertigung starten. Manchmal muss davor noch Grundlagenarbeit geleistet werden, wie das beim Besuch des österreichischen Bundespräsidenten Heinz Fischer bei der Firma Solarfocus der Fall war. Der Firmengründer Hans Kalkgruber berichtet, dass er dem Präsidenten erst den Unterschied zwischen Photovoltaik und Solarwärme erklären musste, bevor er ihn in die Fertigungshalle führte. Ein Weg der Vertrauensbildung bei Politikern ist auch die Besichtigung von Anlagen im Betrieb. Im April 2012 führte ich den Umweltsprecher der SPÖ, Hannes Weninger, zur größten Solaranlage auf einem Wiener Hotel. Zwei Stunden lang wandelten wir zwischen Dach und Keller umher, er war sehr interessiert und stellte viele Fragen. Seine Pressemitteilung am folgenden Tag zeigte, dass die Botschaft der Praxisvorführung angekommen war: „Beim Thema Heizen und Warmwasser ist es notwendig, weitere Schritte zu setzen, um auch in diesem Bereich eine Energiewende zu erreichen."

Ebenfalls eine gute Gelegenheit ist die Eröffnung von Anlagen, um die Energiewende greifbar zu machen. Ein Meister dieses Fachs ist Christian Holter, Gründer der Solarfirma S.O.L.I.D., der jede seiner solaren Großanlagen in der Stadt Graz von hohen Politikern einweihen ließ. Als er 2008 die größte Solaranlage Mitteleuropas in Betrieb nahm, sparte der anwesende Umweltlandesrat nicht mit Superlativen. „Diese Anlage ist ein Meilenstein in der Solargeschichte unseres Landes", verkündete er feierlich. Die 5600 Quadratmeter Kollektorfläche hatten ihn sichtlich beeindruckt. Den Eröffnungstag Anfang Mai hatte Holter übrigens geschickt gewählt. Es war der Europäische Tag der Sonne.

# Das nächste Jahrzehnt

„Wir warten nicht auf die Zukunft,
wir arbeiten daran."
*Text meines Bildschirmschoners,*
*der mich täglich daran erinnert*

Machen wir ein kleines Gedankenexperiment. Woran denken Sie beim Wort „Barock"? Richtig, an eine kulturgeschichtliche Epoche. Was fällt Ihnen alles dazu ein? Denken Sie vielleicht an Johann Sebastian Bach, Schloss Schönbrunn, Peter Paul Rubens, den Reifrock, die Abenteuer des Simplicissimus, die Commedia dell'arte, ausgelassene Feierlichkeiten? In vielerlei Hinsicht brachte die Zeit des Barock ein völlig neues Bewusstsein in die Gesellschaft. In der Mode wurden Leichtigkeit, Freiheit und ein malerisches Aussehen modern, Männer begannen sich zu schminken und wie Frauen zu kleiden. Auch das Benehmen bei Hof und der Umgang miteinander erfuhren einen Umbruch. Viele unserer heutigen Vorstellungen von zivilisiertem Benehmen entstanden in der damaligen Zeit. Barock hieß Mode, Kunst, Architektur, Musik und Sprache in neuer Form.

Dachten Sie auch an Isaac Newton? Durch ihn sind uns viele Naturgesetze verständlich geworden, von der Schwerkraft über die Eigenschaften von Licht bis zur Ursache der Gezeiten. Die größte Veränderung brachten allerdings die astronomischen Entdeckungen von Kepler und Galilei, die das bestehende Weltbild ins Wanken brachten. Nicht die Erde sollte der Mittelpunkt des Universums sein, sondern die Sonne, um die sich Erde, Mond und alle Planeten drehen? Das war dem Papst und den Kardinälen eindeutig zu viel. „Den Erdkreis hat er (Gott) gegründet, sodass er nicht wankt", beharrten sie auf der gewohnten Sichtweise. Das heliozentrische Weltbild wurde als antireligiös bezeichnet, Galilei für die letzten Jahre seines Lebens unter Hausarrest gestellt. Die ganze Macht der Kirche beruhte seit Jahrhunderten darauf, die Erklärungshoheit für alle Belange des Himmels und der Erde zu besitzen. Würde man diese aufgeben, hieße das, der Kirche ihr Fundament zu entziehen. Das kam nicht in Frage, die neue Lehre wurde mit allen Mitteln bekämpft. Kardinal Bellarmin jedoch entfernte sich von der wörtlichen Auslegung der Schrift und forderte eine Trennung von Glauben und Wissenschaft. Anfang des 17. Jahrhunderts schrieb er: „Läge ein wirklicher Beweis für das heliozentrische System vor, müsse man bei der Auslegung der heiligen Schrift in der Tat vorsichtig vorgehen." Eine starke Ansage für die damalige Zeit, wo solche Ansichten gnadenlos von der Inquisition verfolgt wurden. Nur sein Status als bedeutender Theologe und zentrale Persönlichkeit der Kurie half, ihn davor zu schützen. Erst im Jahr 1757, als sich die Zeit des Barock ihrem Ende zuneigte, hob Papst Benedikt XIV. den kirchlichen Bann gegen das heliozentrische Weltbild auf. Der allgemeinen

Anerkennung, die Isaac Newtons Erklärung der Planetenbewegung erfahren hatte, konnte sich auch die Kirche nicht länger entziehen.

## The crazy solar guy

Wie damals erleben wir auch heute, wie ein Weltbild ins Wanken gerät. Die Firmen und Verbände für erneuerbare Energie haben begonnen, die Erklärungshoheit der klassischen Energiewirtschaft für alle Belange der Energieversorgung in Frage zu stellen. Wie damals versuchen die Hohepriester des alten Systems, mit aller Macht an alten Vorstellungen und Werthaltungen festzuhalten. Sie bekämpfen den Wandel und warnen eindringlich davor, den Irrweg fortzusetzen. Doch die Energiewende ist nicht aufzuhalten, die erneuerbaren Energien greifen bereits ins System ein. Der Umbau der Energieversorgung ist in vollem Gange. Ich bin überzeugt, dass am Ende eine neue Epoche entsteht, die nicht bei ein paar Solaranlagen auf dem Dach oder Windkraftanlagen auf dem Acker Halt machen wird. Wie im Barock wird sich das Solarzeitalter in allen Lebensbereichen widerspiegeln, in der Mode, Malerei, Architektur, Literatur und Musik. Einen YouTube-Song über Solarparks gibt es schon, suchen Sie nach Solar Gangnam Style, Sie werden staunen.

Viele Visionäre haben sich in den letzten Jahren Gedanken gemacht, wie die Welt von morgen im Solarzeitalter aussehen wird. Einer davon ist der Chinese Huang Ming. Im Jahr 2011 ersann er eine Micro-Emission Earth Strategy, einen Lebensstil mit möglichst geringem Einfluss auf die Umwelt, der dennoch Spaß macht. Dabei geht es nicht nur um die Emission von Treibhausgasen, auch Abwasser und Abfall werden auf ein Mindestmaß reduziert. Eine solare Lebensart ist für Ming das Ergebnis einer inneren Haltung, welche die Sonne als unerschöpfliche Energiequelle ins Zentrum rückt. Dabei war für ihn die Sonne zu Anfang der Karriere im Jahr 1982 noch kein Thema. Mit 24 Jahren begann er am Petroleum Research Institute in Dezhou nach unentdeckten Ölfeldern zu forschen. Als seine Tochter zur Welt kam, so erzählte er mir, begann er darüber nachzudenken, in welche Zeit sie hineingeboren wurde. „Eine Zeit der fossilen und atomaren Energiequellen, in der die Natur nichts gilt und der Profit alles ist", meinte er nachdenklich, als wir auf dem Weg vom Flughafen in die Stadt waren. Ich hatte das Vergnügen, ihn bei seinem Besuch im April 2012 in Wien kennen zu lernen. Ich führte ihn herum und war erstaunt, wie gut er über europäische Geschichte Bescheid wusste. Er war unglaublich neugierig und sog alles in sich auf, was ich ihm zeigte. Mit derselben Neugier hatte er 20 Jahre davor begonnen, sich für Solarenergie zu interessieren. Die ersten 1000 Anlagen verkaufte Ming noch persönlich „face to face", wie er sich erinnert. Mittlerweile ist sein Unternehmen Himin Solar zu einem der größten Solarkonzerne der Welt angewachsen. Sein größter Wunsch ist es, das Solarzeitalter Wirklichkeit werden zu lassen. Dafür entwickelte er neue Kombinationen von Solarwärme, Photovoltaik, Solararchitektur und Cloud Computing, um alle Lebensbereiche nahezu emissionsfrei zu machen. In Anlehnung an das iPad nannte er seine Idee Me Pad, die Abkürzung für Micro-emission Packaged Design. Das Konzept erstreckt sich vom Wohnhaus (Me Home Pad) über die Stadt (Me Town Pad) bis zu Fabriken (Me Fac Pad), selbst Flughäfen sollen ihren Energieverbrauch um 70 Prozent reduzieren (Me Port Pad). Selbstbewusst bezeichnet sich der Unternehmer, der 2011 den Alternativen Nobelpreis erhielt, als „Pioneer of the Fifth Global Revolution". Dass er von manchen für einen Spinner gehalten wird, nimmt er mit Humor.

Bei seinem Aufenthalt in Österreich nahm er auch an einem Empfang der steirischen Landespolitik in Graz teil. Nachdem er ein kurzes Referat gehalten hatte, bat er den anwesenden Solarpionier Christian Holter, ein unverkennbares Original der österreichischen Solarszene, auf die Bühne. Er legte den Arm um ihn und sagte: „In China they call me the crazy solar guy. It took me a long time to find my equivalent in Europe. But here he is!" Christian Holter nahm den Applaus des Publikums mit einem Lächeln zur Kenntnis, er fühlte sich verstanden.

## Der Baustil im Solarzeitalter

Wie im Barock wird man auch den Baustil des Solarzeitalters in Zukunft auf den ersten Blick erkennen. Solartechnik wird dann ein normaler Bestandteil der architektonischen Gestaltung sein, wie heute Holz, Glas oder Stahl. Noch sind wir nicht so weit, von 175 Gebäuden war bei Architekturwettbewerben in den Jahren 2008 und 2009 in Österreich nur eines sichtbar mit Solartechnik ausgerüstet. Auf dem Balkon des burgenländischen Einfamilienhauses mit angeschlossener Shiatsupraxis und Malatelier ist eine weithin erkennbare Photovoltaikanlage angebracht. Das Haus wurde mit gestampften Lehmwänden errichtet, die mit Schilfplatten und Zellulose gegen Wärmeverluste gedämmt sind. Im Innenraum sind geölte Holzböden verlegt, alle Materialien erfüllen höchste ökologische Ansprüche. Solange Solartechnik nur in dieser Ökonische prämiert wird, haben wir noch einen weiten Weg vor uns.

Gern gibt die Solarbranche den Architekten und Planungsbüros die Schuld, wenn sie Solartechnik in ihren Entwürfen aussparen. Doch für eine gelungene Integration im Gebäude braucht es nicht nur funktionierende Kollektoren, sondern auch gestalterisch prägende Solarelemente, die dem Gebäude Gesicht und Botschaft verleihen. „Bei Fenstern und Fassadenelementen gibt es umfangreiche Kataloge mit allen Modellen und Maßen, um rasch zu erkennen, wie diese im Gebäudeentwurf integrierbar sind. Bei Solartechnik kenne ich so etwas nicht", klagt der Solararchitekt Georg Reinberg. „Fordere ich das von Solarfirmen an, schicken sie mir Technikzeichnungen der Kollektoren, ohne Überlegung, wie das in der Fassade eingebunden wird." Offenbar muss auf beiden Seiten das Verständnis noch reifen, was es braucht, um Solartechnik als Teil des Gebäudes zur Selbstverständlichkeit werden zu lassen.

Dabei sind auch Kreativität und Fantasie gefragt, wie der Entwurf von Matthias Kübler zeigt. Der Student an der Akademie der Bildenden Künste Stuttgart gewann 2007 den ersten Preis bei einem Wettbewerb, in dem eine Siedlung für 1000 Bewohner mit Fresnel-Kollektoren am Gebäude für Südeuropa zu entwerfen war. Eine Fresnel-Linse kann das Licht einer Lampe wie bei einem Autoscheinwerfer in eine bestimmte Richtung bündeln. Bei diesen Kollektoren wird das Sonnenlicht durch mehrere parallele Spiegel auf ein Absorberrohr konzentriert. Das durchfließende Wasser beginnt zu kochen und verdampft. Der Dampf kann zur Stromerzeugung verwendet werden, zum Kochen von Marmelade oder zum Sterilisieren von Operationsbesteck. Zum Wettbewerb aufgerufen hatte das Freiburger Solarunternehmen PSE Gmbh. Als ich den Entwurf von Kübler das erste Mal sah, dachte ich an eine originell gestaltete Hofbeschattung. Aber wo waren die Kollektoren? Erst auf den zweiten Blick erkannte ich die zwischen den Gebäuden hängenden Spiegel, die Sonnenlicht auf Röhren konzentrierten, die parallel zur Dachkante verliefen. Der Designer hatte die Kollektoren so angebracht, dass sie sich der Form des Gebäudes anpassten, um einen geometrisch harmonischen Gesamteindruck zu erzeugen. Kein Solartechniker wäre auf die Idee gekommen, diese Anordnung zu wählen. Und kein Bewohner der Siedlung wäre auf die Idee gekommen, dass es sich bei der Überdachung um ein Solarkraftwerk handelt. Ich finde den Entwurf faszinierend, weil er einen Ausblick darauf gibt, welchen ungewöhnlichen und kreativen Lösungen wir in Zukunft bei Solartechnik noch begegnen werden. Wenn selbst mit diesen sperrigen Kollektoren architektonisch anspruchsvolle Lösungen möglich sind, steht dem solaren Bauen eine spannende und aufregende Zeit bevor. Den Entwurf können Sie sich im Internet unter http://matthiaskuebler.de/profile%20 -%201001.htm ansehen.

## Eigenständigkeit und Unabhängigkeit

Im Jahr 2008 brachte der österreichische Umweltminister Berlakovich einen Begriff ins Spiel, der die Energiewende in ihrer letzten Konsequenz beschreibt: „Ich halte die Energieautarkie für eine faszinierende Vision, alle Energie, die man braucht, im Land selbst zu erzeugen und damit von unsicheren internationalen Rohstoffmärkten unabhängig zu werden." Das Schlagwort Energieautarkie wurde rasch zum Reibebaum für ideologische Gefechte zwischen Gegnern und Befürwortern der Energiewende. Berlakovich löste damit eine breite öffentliche Diskussion aus, die Suchmaschine Google meldet 215.000 Einträge zum Thema. Laut Duden bedeutet autark, „(vom Ausland) wirtschaftlich unabhängig, sich selbst versorgend, auf niemanden angewiesen" zu sein. Dieses Ziel kann entweder absolut oder rechnerisch erreicht werden. Absolute Energieautarkie heißt, den gesamten Energiebedarf das ganze Jahr über vor Ort zu decken, ohne Energiezukauf von außen. Rechnerische Energieautarkie bedeutet hingegen, weiterhin Energie mit anderen Regionen auszutauschen, wenn zu viel oder zu wenig im eigenen Gebiet zur Verfügung steht. Rechnerisch wäre Autarkie erreicht, wenn zum Beispiel ein Mangel an Treibstoff mit Überschüssen bei Strom ausgeglichen wird. Übers Jahr gerechnet müssen die vor Ort produzierte und die verbrauchte Energiemenge jedoch etwa gleich sein.

Energieautarkie erfordert das Bestreben, die Energieversorgung selbst in die Hand zu nehmen, getrieben vom Gedanken der Eigenständigkeit und Unabhängigkeit. Für die klassischen Energieversorger ist sie hingegen reine Abschottungspolitik, die ein Land langfristig isoliert. Das Forum Versorgungssicherheit, ein Think Tank der österreichischen Elektrizitätswirtschaft, forderte in einer Presseaussendung im Mai 2011 eine „integrierte EU-Energiepolitik statt energetischer Kleinstaaterei". Internationale Handelsverflechtungen gebe es bei allen Produkten, diese bei Energie abzuschaffen, sei absurd. Die Zukunft liege im Handel mit billigem Windstrom aus der Nordsee und Solarstrom aus Südeuropa. Dafür brauche es kein Unabhängigkeitsstreben, sondern stärkere internationale Stromnetze. Aus Sicht der Energiewirtschaft ist diese Haltung nachvollziehbar. Energieautarkie bedroht den internationalen Handel mit Energie aller Art, ein äußerst lukratives Geschäft. Die Einnahmen aus lokalen erneuerbaren Energiequellen kommen hingegen den Gemeinden zugute. Diese sehen in der eigenständigen Energieversorgung vor allem neue Arbeitsplätze, die Abwanderung verhindern und die Region aufwerten. Aus ihrer Sicht rechtfertigt der Mehrwert für die Bevölkerung einen allfällig höheren Energiepreis durch regionale Produktion. Für die Gemeinden ist Energieautarkie eine Art Unabhängigkeitserklärung, ein Schritt zu mehr Eigenständigkeit und Selbstvertrauen. Diese beiden Sichtweisen stehen einander diametral gegenüber. Setzt sich die klassische Energiewirtschaft durch, tauschen wir nur alte Abhängigkeiten gegen neue und bleiben in Zukunft weiterhin von unsicheren Lieferländern und schwankenden Weltmarktpreisen abhängig. Wandert die Energieversorgung hingegen in die Hände regionaler Initiativen, tragen bislang ungenutzte lokale Ressourcen wie Sonne, Wind, Wasser und Biomasse zum Einkommen der Bevölkerung vor Ort bei. Gerade für Menschen in benachteiligten Regionen ist die Energiewende ein Beitrag zur Lebensraumsicherung, die eine wirtschaftliche Perspektive bietet.

Der Energiewirtschaft ist das herzlich egal, sie ist allein auf ihren Umsatz ausgerichtet. „Kann mir einer erklären, warum man in Österreich ein Windrad errichten soll, wenn an der Nordseeküste Strom viel billiger produziert werden kann?" fragte Verbund-Chef Wolfgang Anzengruber, als ich mit ihm darüber diskutierte. Den Energieversorgern ist die regionale Sichtweise fremd, sie sehen ihre Aufgabe allein im billigen Einkauf und teuren Verkauf von Energie, um die Rendite zu maximieren. Für Projektentwickler wie die W.E.B. Windenergie bedeutet dagegen ein verantwortungsvoller Ausbau der Windenergie, dass sich „die Bevölkerung auch finanziell beteiligen und davon profitieren" kann. Das ist der kulturelle Unterschied, mit dem die klassischen Energieversorger bei der Energiewende zu kämpfen haben.

Es wird im nächsten Jahrzehnt Aufgabe der Energiepolitik sein zu entscheiden, in welche der beiden Richtungen die Reise weitergeht. Fällt die Entscheidung zugunsten der Selbstversorgung von Regionen, wird die heutige Energiewirtschaft gründlich auf den Kopf gestellt. Ich bin überzeugt, dass dies nicht ohne massive Konflikte abgehen wird. In Anlehnung an den österreichischen Kabarettisten Helmut Qualtinger könnte man sagen: „Umsatzsicherung gegen Lebensraumsicherung – das nenn i Brutalität."

## Energieautarkie in der Praxis

Wie Energieautarkie in der Praxis funktioniert, kann man in zahlreichen Beispielen sehen. „Besser Photovoltaik am Dach als Aktien im Keller", meint Wolfgang Löser schmunzelnd, wenn er neugierige Besucher durch seinen energieautarken Bauernhof im niederösterreichischen Streitdorf führt. Seit zehn Jahren deckt der Landwirt seinen Bedarf an Wärme, Strom und Kraftstoff zur Gänze mit erneuerbaren Energien. Bei Hoffesten, die bis zu 3000 Besucher anziehen, zeigt er seit Jahren, wie die Energiewende praktisch funktioniert. „Damit konnte ich auch die Skeptiker aus der Umgebung überzeugen, die erst im direkten Kontakt mit Solaranlagen und Pflanzenöl verstanden haben, worum es geht", berichtet Löser.

Ein Beispiel für Energieunabhängigkeit im größeren Stil findet man im steirischen Bezirk Murau. Seit Jahren wird um die Hälfte mehr Strom aus erneuerbarer Energie produziert, als der Bezirk verbraucht, obwohl in Murau auch größere Betriebe angesiedelt sind. Auch bei Wärme soll bis 2015 die Energieautarkie erreicht sein. Genügend Holz wäre im Bezirk vorhanden, es geht darum, die großen Verbraucher vom Umstieg zu überzeugen. „Die größte Herausforderung war, das Landeskrankenhaus Stolzalpe hoch oben am Berg an das Biomasseheizwerk im Tal anzuschließen, den größten Energieverbraucher der Region. Als nächstes kommt die Brauerei Murau hinzu. Erneuerbare Energie deckt dann 80 Prozent des gesamten Wärmebedarfs im Bezirk", schildert Josef Bärnthaler von der Energieagentur Obersteiermark.

Genügend Holz hat auch die Stadt Güssing im Südburgenland. Seit 1996 versorgt das Biomassekraftwerk am Ortsrand die Haushalte und Betriebe entlang der Straße mit erneuerbarer Wärme. Als das Kraftwerk 1998 mit einem neuartigen technischen Verfahren zur Stromgewinnung aus Holz ausgerüstet wurde, setzte ein Strom von Exkursionen aus aller Welt ein, die das technische Wunderwerk besichtigen wollten. „30 Männer in dunkelblauen Anzügen stehen wie neugierige Schuljungen im Halbkreis um den Geschäftsführer des Kraftwerks und lauschen andächtig seinen Erklärungen", beschrieb die Wochenzeitung *Die Zeit* den Besuch einer japanischen Delegation in Güssing. Mit den Ackerfrüchten der Umgebung wurden Biodiesel und Biogas erzeugt, um Wärme, Strom und Treibstoffe aus erneuerbarer Energie zu gewinnen. Vor zehn Jahren zog der 2011 verstorbene Solarpionier Werner Rauscher nach Güssing und eröffnete eine Solarschule zur Ausbildung von Facharbeitern. In der Folge wurden auf zahlreichen Privathäusern und Betrieben thermische Solaranlagen installiert. Die günstigen Preise der Fernwärme lockten die zwei größten Parketterzeuger Österreichs an, 50 weitere Betriebsansiedlungen folgten. In der 4000 Einwohner zählenden Stadt wurden nahezu 1000 neue Arbeitsplätze geschaffen. Die Einnahmen der Stadtverwaltung stiegen von 300.000 auf 1,5 Millionen Euro im Jahr. Die Energiekosten der Stadt halbierten sich im selben Zeitraum. Alle diese Aktivitäten haben zum Aufschwung der Stadt Güssing von einer Randgemeinde zu einem international bekannten Vorreiter der Energiewende beigetragen. „Dabei ist die Bevölkerung nicht mehr öko als anderswo", wie der ehemalige Bürgermeister Peter Vadasz betont. Bis 2008 deckte die Stadt über viele Jahre den gesamten Bedarf an Wärme, Strom und Treibstoffen erneuerbar. Mit dem Wegfall der Biodieselanlage, die im Jahr 2008 wegen wirtschaftlicher

Probleme geschlossen wurde, ist der Eigenversorgungsgrad auf die Hälfte gesunken.

Im Sommer 2013 musste auch die Biodieselproduktion im steirischen Mureck die Pforten schließen. Die zollfreien Billigimporte von Biodiesel aus Südostasien und Südamerika hatten den Betrieb ins Trudeln gebracht. Mehr als 20 Jahre lang war in Mureck aus Raps und Altspeiseöl mehr als das 25-Fache des Eigenbedarfes hergestellt worden, die Anlage versorgte Landwirte in der ganzen Region mit günstigem Treibstoff. Mit dem Biomasseheizwerk, der Biogasanlage, zahlreichen Solaranlagen und der Biodieselherstellung war die 1600 Einwohner zählende Gemeinde über viele Jahre hinweg energieautark.

Wie bei Photovoltaik ist jedoch auch Biodiesel einem Weltmarkt ausgesetzt, der sich zunehmend in Richtung erneuerbarer Energie dreht. Dies ist ein relativ neues Phänomen, das zugleich schrecklich und schön für die Energiewende ist. Die internationale Konkurrenz zeigt, dass auch Südamerika und Asien auf den Zug aufgesprungen sind (siehe Kapitel „Die Energiewende hat begonnen"). Die billigen Importe sorgen für fallende Preise, was den Einsatz erneuerbarer Energie generell beschleunigt. Die heimischen Produzenten kommen jedoch massiv unter Druck. Die ausländische Konkurrenz muss bei weitem nicht dieselben Auflagen einhalten, was ökologische Standards oder Arbeitssicherheit betrifft. In manchen Ländern erhalten die Betriebe großzügige finanzielle Unterstützung vom Staat, um auf dem Weltmarkt konkurrenzlos günstig zu sein. Unter diesen Bedingungen ist natürlich kein fairer Wettbewerb möglich. Die Politik wird sich für mehr Fairness im internationalen Handel einsetzen müssen, damit heimische Anbieter weiter eine Chance haben. Wo dies nicht gelingt, muss sie notfalls zum Strafzoll greifen, wie das bei Photovoltaik seit Mitte dieses Jahres notwendig wurde. Es geht hier nicht um Protektion, manchmal mag es gute Gründe geben, erneuerbare Energieträger oder die Technik dazu zu importieren, statt sie im eigenen Land bereitzustellen. Unfaires Preisdumping und die Missachtung aller Regeln zählen aber nicht dazu.

## Die Energiewende ist beschlossene Sache

Wenn man die politischen Beschlüsse der letzten Jahre liest, so stellt man fest, dass die Energiewende enormen Rückhalt bekommen hat. Zahlreiche Regionen in Europa haben bereits gesetzlich festgelegt, die Energieversorgung in den nächsten 20 Jahren vollständig auf erneuerbare Energie umzustellen. Erstaunlich finde ich, dass viele Beschlüsse einstimmig waren, über alle Parteigrenzen hinweg. Bereits im Jahr 2007 einigte sich der Landtag in Oberösterreich, den Bedarf bei Wärme und Strom bis zum Jahr 2030 vollständig mit erneuerbarer Energie zu decken. Beim Verkehr, dem schwierigsten Kapitel der Energiewende, wurde ein Viertel des Energiebedarfes angepeilt. Heute stammen bereits fast 90 Prozent des Stroms und die Hälfte der Wärme im Land aus erneuerbaren Quellen. Wer die Oberösterreicher kennt, weiß, dass sie sehr selbstbewusst und hartnäckig sein können, wenn sie sich etwas in den Kopf gesetzt haben. Sehr wahrscheinlich werden sie das erste Bundesland in Europa sein, das seinen Energiebedarf ausschließlich aus eigenen erneuerbaren Energiequellen deckt.

Bei Strom sind ihnen die Burgenländer allerdings voraus. Mit einem Volksfest am 13. September 2013 wurde in Gols der Tag der Energiewende gefeiert, die Unabhängigkeit von atomaren und fossilen Energien. Über 300 Windräder produzieren mittlerweile so viel Strom, wie landesweit im ganzen Jahr verbraucht wird. Beeindruckend war das Tempo, in dem diese Wende geschehen war. „Noch vor 15 Jahren ist im Burgenland kein Strom produziert worden, heute ist die Stromautarkie de facto erreicht", betonte Landeshauptmann Hans Niessl stolz bei seiner Festrede. Mit einem Kran ließen sich die Besucher in 50 Meter Höhe befördern, um einen Blick auf die ausgedehnten Windparks zu werfen, die dem Bundesland den Strom liefern.

In zwei Jahren sollten solche Ausblicke auch in Niederösterreich möglich sein. Im Jahr 2009 legte die Landesregierung fest, die Stromversorgung bis 2015 zu 100 Prozent auf erneuerbare Energie umzustellen. Bis zum Jahr 2020 sollte die Hälfte des gesamten Energieverbrauchs aus erneuerbaren Quellen stammen, Ölheizungen sind ab diesem Jahr im Neubau verboten. Seit Mai 2013 ist allerdings klar, dass sich dieses Vorhaben um einige Jahre verzögern wird. Landeshauptmann Erwin Pröll rief überraschend einen Stopp für Windkraft aus, der die Entwicklung zum Stillstand brachte. Hunderte Bürger aus mehr als 40 Gemeinden waren zum Regierungssitz in Sankt Pölten marschiert, um dem Landeshauptmann eine Petition gegen den „Wildwuchs" von Windkraftwerken zu überreichen. Den Unmut der Bürger hatten Vereinbarungen zwischen Gemeinden und Windkraftbetreibern hervorgerufen, die über ihre Köpfe hinweg getroffen wurden. Dabei wurden Exklusivrechte für Windparks im Gemeindegebiet vergeben, von denen die Bürger erst im Nachhinein erfuhren. Es ist ein zentrales Merkmal der Energiewende, dass die Menschen gefragt werden wollen und davon profitieren möchten, wenn jemand erneuerbare Energie vor ihrer Haustür produziert. Wer dieses Prinzip missachtet, erntet Widerstand und Protest. Der Landeshauptmann sah sich gezwungen, die Notbremse zu ziehen, und stoppte alle Genehmigungen für neue Windparks. Für den weiteren Ausbau sollen nun mit den Gemeinden „Standortzonen" vereinbart werden, wie es sie im Burgenland bereits am Anfang des Windbooms gab. Wird dabei die Bevölkerung eingebunden, könnte wieder Schwung in die Sache kommen. Denn die Richtung stimmt, wie Pröll trotz des Rückschlags klarstellt: „Der Weg zur Energiewende ist irreversibel."

Davon ist man auch im Westen Österreichs überzeugt. Im Jahr 2011 fiel im Vorarlberger Landtag der einstimmige Beschluss, das Ländle bis zum Jahr 2050 energieautonom zu machen. Als Traditionsvolk, das in Generationen denkt, verfassten die Vorarlberger 101 „enkeltaugliche" Maßnahmen, mit denen sie das Ziel erreichen wollen. Für eine hundertprozentige Versorgung mit erneuerbaren Energien sei „eine konsequente Orientierung des politischen Handelns und der erfolgreiche Miteinbezug der Bevölkerung und Wirtschaft" entscheidend, heißt es im Maßnahmenplan. Welche Kraft ein klarer politischer Wille erzeugen kann, hat der rasante Wandel im Burgenland gezeigt.

Auch in Salzburg war es der Politik innerhalb eines Jahrzehnts gelungen, die Wärmeenergie-Versorgung im Neubau umzudrehen. Vor 20 Jahren wurden noch 90 Prozent aller Salzburger Neubauten mit Öl oder Gas beheizt, erneuerbare

Energie spielte keine Rolle. Die Energieabteilung des Landes schlug damals vor, in der Wohnbauförderung Zusatzpunkte für erneuerbare Energie zu vergeben, die den Bauträgern finanzielle Vorteile brachten. „Geld schafft Bewusstsein", war sich der Abteilungsmitarbeiter Franz Mair sicher, als das Punktesystem im Jahr 1994 in Kraft trat. Tatsächlich stieg die Zahl neuer Solaranlagen und Holzheizungen sprunghaft an, nach wenigen Jahren waren sie bereits in jedem zweiten Neubau zu finden. Mair war unter den Bauträgern bald berüchtigt dafür, bei jedem Förderansuchen auf die Nutzung von Sonne und Holz zu pochen. Mit der Zeit stellte sich ein Umdenken bei den Betrieben ein, seit 2005 werden fast nur mehr Gebäude errichtet, die erneuerbare Energie nutzen. Was bislang in Salzburg allerdings fehlt, ist das klare politische Bekenntnis zur vollständigen Energiewende. Ich denke, dass dieses in den nächsten Jahren erfolgen wird, schon allein um den europäischen Zug nicht zu verpassen.

In Deutschland gibt es mittlerweile 130 „100ee-Regionen", die an der Umsetzung der Energiewende arbeiten. Die Regionen erstrecken sich über das ganze Land, vom Landkreis Fürstenfeldbruck in Bayern über die Region Paderborner Land in Nordrhein-Westfalen bis zum Kreis Dithmarschen in Schleswig-Holstein. Einmal im Jahr treffen sich deren Vertreter zu einem Kongress. Dabei wurde vor drei Jahren die Frage gestellt, bis wann sie sich den vollständigen Umstieg auf erneuerbare Energie in ihrer Region vorstellen können. Drei Viertel der Kongressteilnehmer antworteten, die vollständige Umstellung der Stromversorgung sei bis zum Jahr 2030 realistisch. Die Hälfte meinte, auch bei Wärme sei der Umstieg bis dahin zu schaffen. Allein beim Verkehr zweifelten vier von fünf an, dass dieser Zeitraum ausreichend sei. „Viele Regionen und Kommunen stehen nicht mehr am Anfang, der Ausbau erneuerbarer Energie vor Ort ist schon viel weiter, als man denkt", folgerte Martin Hoppe-Kilpper, einer der Mitveranstalter des Kongresses. Jetzt geht es darum, die Energiewende von unten konsequent politisch zu unterstützen, um gemeinsam mit der Bevölkerung das Werk zu vollenden.

## Erneuerbare Wärme für alle

Die Hälfte des Energiebedarfes in Europa fällt für Wärme an. Nach wie vor werden dafür großteils fossile Energieträger verheizt. Diese treiben nicht nur den Klimawandel an, sie lassen auch die Energiekosten steigen. Die Beheizung mit Heizöl eines älteren Einfamilienhauses verschlingt heute fast zwei Monatsgehälter pro Jahr. Wie bereits erwähnt können in Österreich rund 250.000 Menschen ihre Heizrechnung nicht mehr bezahlen und müssen mit Heizkostenzuschüssen unterstützt werden. Die Energiewende beim Heizen ist daher aus meiner Sicht die Hauptaufgabe des nächsten Jahrzehnts. Die Europäische Technologieplattform für Heizen und Kühlen errechnete, dass ein Drittel der Raumwärme im Jahr 2020 mit erneuerbarer Energie gedeckt werden kann, ab dem Jahr 2040 sogar der komplette Heizbedarf aller 27 EU-Länder.

Die günstigste Energieform, die uns dabei zur Verfügung steht, ist die Energie der Sonne. In Europa strahlt übers Jahr genug davon ein, um den Heizbedarf aller Häuser zu decken. Die Schlüsselfrage ist die Speicherung, um den Wärmeüberschuss im Sommer einzufangen und möglichst ohne Verluste in den Winter zu retten. Eine Lösung könnten sogenannte Zeolith-Speicher sein, die Wärme auf kleinstem Raum über längere Zeit verlustfrei speichern können. Zeolithe sind kleine Kügelchen, die aus Aluminium, Silizium und Sauerstoffatomen bestehen. Sie besitzen mikroskopisch kleine Poren und haben eine außerordentlich große Oberfläche, über 1000 Quadratmeter pro Gramm. In den feinen Poren kann Wasser aufgenommen werden, wobei sich das Zeolith erwärmt. Erhitzt man feuchtes Zeolith, entweicht das Wasser und die Poren trocknen wieder. Dieses Prinzip nutzen energiesparende Geschirrspüler, wo während der Trocknungsphase des Geschirrs das Zeolith Feuchtigkeit aufnimmt, sich erhitzt und die Wärme wieder in den Innenraum abgibt, um die Trocknung zu beschleunigen. Diese Geräte sind heute die Weltrekordhalter im Energiesparen. Wie Zeolith-Speicher funktionieren, können Sie selbst mit einem kleinen Experiment erkunden. Beim Kauf eines elektronischen Gerätes liegt oft ein weißes Säckchen mit der Aufschrift „Silica Gel – throw away, do not eat" bei. Darin befinden sich kleine Kügelchen, die Feuchtigkeit aufnehmen, die während des Transports dem Gerät vielleicht schaden könnte. Falls Sie ein solches Säckchen aufgehoben haben, ist jetzt der Zeitpunkt, es zu öffnen. Leeren Sie den Inhalt in Ihre Handfläche und nehmen Sie in die andere Hand eine Sprühflasche. Dann befeuchten Sie die Kügelchen, ein paar Spritzer reichen. Im Vakuum erhitzen sich diese binnen Sekunden auf 90 Grad Celsius, bei normalem Luftdruck werden sie nur handwarm. Sie werden den Effekt dennoch deutlich spüren. Der Vorteil eines Zeolith-Speichers ist seine hohe Energiedichte, er kann bis zu viermal mehr Wärme speichern als Wasser. Das im Sommer mit Solarenergie getrocknete Zeolith könnte praktisch unbegrenzt gelagert werden, im Winter müsste man es nur wieder befeuchten, damit es sich erhitzt und Wärme an die Räume abgibt. Erste Heizungen mit Zeolith-Speicher sind bereits am Markt, wobei das Zeolith nicht mit Sonnenkollektoren, sondern mit Gas getrocknet wird, da Temperaturen bis zu 200 Grad Celsius dafür erforderlich sind. Mit speziellen Röhrenkollektoren sind solche Temperaturen jedoch durchaus erreichbar. Ich kann mir gut vorstellen, dass Zeolith-Solarheizungen im nächsten Jahrzehnt Marktreife erlangen.

Dass Heizen allein mit der Sonne längst keine Utopie mehr ist, hat auch Harald Kuster unter Beweis gestellt. Der Salzburger Haustechnikplaner baut seit Jahren Bürogebäude und Werkstätten, die keine Heizung außer einer thermischen Solaranlage haben. Statt eines großen Wasserspeichers werden mit Wasser gefüllte Rohrschlangen im Fundament des Hauses verlegt, wo die Wärme der Sonne gesammelt und bis zu zwei Monate lang gespeichert wird. Über die Bodenplatte wird die Wärme nach oben abgegeben und sorgt für gleichmäßig temperierte Räume. Die Kosten liegen nur geringfügig über jenen eines konventionellen Gebäudes, da die gesamte übliche Heizung entfällt. Als ich zum ersten Mal von diesem Konzept erfuhr, war ich skeptisch, ob man in Österreich tatsächlich allein mit der Kraft der Sonne heizen kann, ohne jegliche Zusatzheizung. Ich besuchte einige der Gebäude, darunter auch die Salzburger Tischlereiwerkstätte in Bruck an der Glocknerstraße. Ich war mit dem Vorstand des Verbandes Austria Solar angereist, um zu erfahren, ob in diesem Konzept womöglich die Zukunft für Solarwärme im Neubau lag. Wir hatten absichtlich einen Wintertag im Februar gewählt, um zu erleben, ob es im Gebäude allein mit der Sonnenheizung nach mehreren Monaten Kälte und Schnee tatsächlich noch warm genug war. Bei unserem Rundgang durch die Werkstatt trafen wir erstaunt auf Schüler, die im T-Shirt an den Maschinen standen. Ich legte meine Hand auf den Boden und spürte wohlige Wärme aufsteigen. Das Fundament gab auch nach mehreren Wintermonaten noch stetig Wärme ab. Dabei wurde das Gebäude in diesem Winter einem ungewöhnlichen Härtetest unterzogen, wie Kuster bei der Führung erzählte. Von 22. Dezember 2011 bis 12. Januar 2012 stand das Gebäude während der Schulferien drei Wochen lang leer. Zur gleichen Zeit herrschte in ganz Salzburg eine Schlechtwetterperiode. Die Temperatur lag knapp über dem Gefrierpunkt, in den drei Wochen wurden nur 100 Kilowattstunden Sonneneintrag gemessen, halb so viel wie normalerweise zu dieser Zeit. Mit ausgezeichneten Fenstern, einer gut gedämmten Gebäudehülle und der Restwärme des Bodenspeichers kühlte das Gebäude dennoch nur um ein halbes Grad pro Tag aus. Drei Tage vor Schulbeginn war die Raumtemperatur in der Werkstatt schließlich auf 14 Grad gesunken. Kuster und der Schuldirektor entschieden sich, das Wochenende abzuwarten und auf einen Wetterumschwung zu hoffen. Sollte das Wetter allerdings so trüb bleiben, würden sie elektrische Heizlüfter aufstellen, um das Gebäude in einem Tag wieder auf die gewünschte Temperatur zu bringen. Doch die innige Hoffnung auf Sonne wurde von der Wetterfee erfüllt. Noch vor dem ersten Schultag klarte der Himmel auf, die Solareinträge begannen zu steigen. Drei Tage nach Schulbeginn war die normale Raumtemperatur wieder erreicht. „Die Schüler mussten nur die ersten paar Tage darauf verzichten, im T-Shirt herumzulaufen", erzählte Kuster. Außerhalb von Schulen kommt es selten vor, dass ein Gebäude während des Winters drei Wochen durchgehend leer steht. Doch selbst unter diesen extremen Bedingungen hat das Konzept gezeigt, dass es mitten in Europa funktioniert.

Auch Timo Leukefeld aus Freiberg (Sachsen) beschäftigt sich seit Jahren mit neuen Lösungen, um Gebäude alleine mit der Sonne zu heizen. Der Solarunternehmer brachte im Jahr 2010 das erste energieautarke Einfamilienhaus auf den Markt. Das 160 Quadratmeter große Gebäude wird mit einer 46 Quadratmeter großen Solarwärmeanlage und einem Holzkessel beheizt. Eine 58 Quadratmeter große Photovoltaikanlage deckt den gesamten Stromverbrauch im Haus. Der stolze Preis von 360.000 Euro erfordert eine etwas dickere Brieftasche. Dennoch ist der Preis für ein Solarhaus in den letzten 20 Jahren um drei Viertel gesunken. Das weltweit erste energieautarke Haus in Freiburg (Breisgau), gebaut im Jahr 1992, kostete knapp 1,5 Millionen Euro, so viel wie heute vier Häuser von Leukefeld. Das Einfamilienhaus war ein Forschungsprojekt des Fraunhofer-Instituts für solare Energiesysteme ISE, hatte keinen Stromanschluss und keinen Anschluss an eine Gasleitung. Zwei Jahre lang wohnte einer der Planer mit seiner Familie darin, er dokumentierte seine Erfahrungen im Buch „Das energieautarke Solarhaus: Mit der Sonne wohnen". Die Aufgabe der Solarbranche wird sein, vollsolar beheizte Häuser im nächsten Jahrzehnt technisch zu perfektionieren und preislich günstiger zu machen. Dann gibt es keinen vernünftigen Grund mehr, auch keinen ökonomischen, um auf sie zu verzichten.

## Strom und Wärme wachsen zusammen

In sechs Jahren wird Strom aus Wind billiger sein als die fossile Konkurrenz, hat das ISE in Freiburg errechnet. In einer umfassenden Studie hat das Institut die Kosten von Stromerzeugung aus Sonne und Wind mit jenen aus konventionellen Kraftwerken verglichen. Dabei zeigte sich, dass selbst Strom aus Photovoltaik in 10 bis 15 Jahren billiger als fossiler und atomarer Strom sein wird. Für diesen wird es dann eng, mit Ökostrom preislich mitzuhalten. Was allerdings bleibt, ist die Speicherfrage. Wohin mit dem überschüssigen Strom, wenn das Wetter mehr liefert, als wir brauchen? Was ist, wenn Flaute herrscht oder eine Wolkenbank vorüberzieht? Wer übernimmt die sogenannte Regelenergie, um immer gerade genug Strom im Netz zu haben?

Einen interessanten Weg, um diese Probleme zu lösen, hat Dänemark gefunden. Dabei hatte Jens Bilgrav-Nielsen ganz anderes im Sinn. Als Energieminister Ende der 1980er Jahre war er an einer effizienten Nutzung der dänischen Erdgasquellen in der Nordsee interessiert. Er versprach allen Betreibern von Kraftwerken einen Bonus, wenn sie das wertvolle Erdgas nicht nur in Strom, sondern gleichzeitig auch in Wärme umwandelten. Damit löste der Minister eine Welle von neuen Blockheizkraftwerken aus, die überall im Land errichtet wurden. Jedes Kraftwerk bekam einen großen Wasserspeicher, um den unterschiedlichen Bedarf an Wärme und Strom zeitlich abzupuffern. Zugleich eigneten sich die Kraftwerke damit optimal für Regelenergie, um den schwankenden Bedarf im Stromnetz abzufedern. 20 Jahre später waren die Wasserspeicher ideal für Sonnenkollektorfelder im Megawattbereich, die im Sommer enorme Mengen Wärme lieferten. Bereits die erste große Solarwärmeanlage im Jahr 2006 mit über 8000 Quadratmeter Kollektorfläche bewies, dass die Kombination von Blockheizkraftwerken und Solarenergie ökonomische Vorteile brachte. Der Grund waren hohe Energieabgaben in Dänemark, die solare Megawattanlagen rasch rentabel machten. Die hohen Renditen dieser Anlagen veranlassten den Staat, die Förderung kurzerhand einzustellen. Zum Glück verharrten die dänischen Solaranbieter nicht im Protest, sondern reagierten mit Kostensenkungen, indem sie Planung und Projektmanagement optimierten. Innerhalb weniger Jahre waren sie dadurch in der Lage, auch ohne Förderung Solarwärme billiger als Wärme aus Erdgas anzubieten. Eine Welle neuer Anlagen im ganzen Land war die Folge. Mittlerweile sind 16 große Solaranlagen mit über 1000 Quadratmetern Kollektorfläche in Betrieb, alle in Verbindung mit Blockheizkraftwerken und großen Wasserspeichern.

Im Juli 2012 besuchte ich die größte davon auf der Insel Ærø. Ehrfürchtig ließ ich meinen Blick über 33.000 Quadratmeter Kollektoren schweifen. Knud Nielsen, der mich durch die Anlage führte, zeigte mir auch den neu errichteten Speicher, der 75 Millionen Liter Wasser fasste. Er erklomm eine niedrige Böschung, stieg auf die schwimmende Dämmung und deutete mir, ihm zu folgen. Zögernd setzte ich meinen Fuß auf die große weiße Fläche, unter der ein 70 Grad heißer See lag. Wir spazierten eine Weile auf der leicht schwankenden Oberfläche des Speichers herum, der die Hälfte der Wärmeversorgung für den Ort Marstal lieferte. Ich war froh, als wir wieder hinabstiegen und auf die Halle zusteuerten, in der die Wärmepumpe und das Blockheizkraftwerk standen. Waren die Strompreise niedrig, so sprang die Wärmepumpe an, um den Ort billig mit Wärme aus dem Speicher zu versorgen. An sonnigen Tagen hatte die Solaranlage Vorrang, um den Speicher nahezu kostenlos mit Wärme zu beladen. Das Winterhalbjahr gehörte dem Blockheizkraftwerk, wobei es vor allem dann lief, wenn sich der produzierte Strom an der Strombörse um gutes Geld verkaufen ließ. Alle Teile zusammen bildeten ein intelligentes Fernwärmesystem („Smart District Heating System"), wie Nielsen mir erklärte. Strom und Wärme wuchsen bei diesem System zusammen, der ökonomische Vorteil ergab sich erst aus der intelligenten Kombination.

Auch im privaten Haushalt ist dieser Trend in den letzten Jahren zu beobachten. Mit sinkenden Tarifen bei der Vergütung von Ökostrom stellt sich zunehmend die Frage, ob man den Strom nicht besser gleich direkt verbraucht, statt ihn ins Netz zu speisen. Produziert eine Photovoltaikanlage mehr Strom, als im Haus gerade benötigt wird, könnte man mit dem Überschuss den Warmwasserspeicher aufheizen. Diese Idee kursiert seit einiger Zeit in Fachkreisen und könnte der Solarwärme ernsthaft Konkurrenz bereiten. Kombiniert man Photovoltaikanlagen mit Wärmepumpen, hat man aus wirtschaftlicher und ökologischer Sicht eine gleichwertige Alternative zu Solarwärmeanlagen, wie aktuelle Studien zeigen. „Ich sehe ein Zusammenwachsen von Strom und Wärme. Das ist der Umbruch, der in Europa momentan passiert", meint Martin Hackl, Leiter der Solarsparte beim Wechselrichterhersteller Fronius. Die Energiewende bei Strom wird sich jedenfalls auch auf dem Wärmemarkt bemerkbar machen, davon bin ich überzeugt.

161

## Elektroautos oder Fahrräder?

Bei Wärme und Strom sind sich die meisten Experten einig, dass ein vollständiger Ausstieg aus fossiler und atomarer Energie in den nächsten 20 Jahren möglich ist. Doch wie sieht es beim Verkehr aus? Selbst die fortschrittlichsten Kommunen in Deutschland sind der Meinung, beim Transport werde die Unabhängigkeit von fossiler Energie erst nach dem Jahr 2030 erreicht, wie eine Umfrage ergab. Der Verkehr ist die härteste Nuss, die es bei der Energiewende zu knacken gilt. Die größte Hoffnung ruht dabei auf der Elektromobilität. Bis zum Jahr 2020 rechnet man mit mindestens einer Million elektrisch angetriebener Fahrzeuge auf Deutschlands Straßen. Mindestens 210.000 erwartet man in Österreich. Die Schweiz rechnet mit einem Anteil von bis zu einem Drittel Elektroautos bei den Neuwagenkäufen. Um diese Vielzahl von elektrisch betriebenen Fahrzeugen laden zu können, sollen im ganzen Land Ladestationen errichtet werden. 600.000 soll es in Zukunft in privaten Haushalten geben („sleep&charge"), 60.000 in Bürogebäuden („work&charge"). 30.000 öffentliche Ladestationen sollen die Fahrzeuge während des Einkaufs oder beim Abendessen im Restaurant laden („shop&charge"). Für den Coffee to Go sind 150 Schnellladestationen vorgesehen („coffee&charge").

Wie lange muss ein Elektroauto an der Steckdose hängen, um vollgetankt zu werden? Das erste europäische Elektroauto, der Peugeot iOn, kann über eine normale Steckdose innerhalb von sechs Stunden vollständig aufgeladen werden. Dafür bräuchte man eine Ladeleistung von knapp drei Kilowatt, die in jedem Haushalt verfügbar ist. Fahren 100 Mitarbeiter mit dem Elektroauto zur Arbeit, um es dort tagsüber in sechs bis acht Stunden auf Firmenkosten zu laden, braucht man 300 Kilowatt. Das ist schon ein kleines Kraftwerk. Um das Auto mit halbleerer Batterie in der Tiefgarage während des Einkaufs schnell mal vollzuladen, braucht es über 15 Kilowatt. Kommen 100 Kunden auf die Idee, was bei einem Einkaufszentrum mit über 1000 Parkplätzen nicht unrealistisch ist, sind mehr als 1,5 Megawatt nötig. Bei größeren Konsumtempeln wie dem Europark in Salzburg oder dem Donauzentrum in Wien mit rund 4000 Parkplätzen kann man schon anfangen, ein Kraftwerk für den Einkaufssamstag zu errichten. Ob diese Strategie Erfolg hat, wird sich erst weisen.

Manche Experten glauben eher, dass sich im nächsten Jahrzehnt der Batterietausch an der Tankstelle durchsetzen wird. Der erste Breitentest dazu fand 2008 in China statt. Um die Luftqualität während der Olympischen Spiele in Peking zu verbessern, wurden alle Busse auf Elektromotoren umgestellt. Hatte ein Bus keinen Strom mehr, so wurde einfach die Batterie gewechselt, die Flotte war fast ununterbrochen im Einsatz. Der Vorgang lief weitgehend automatisch ab und dauerte nur wenige Minuten, meist kürzer als das Tanken mit Benzin. Jeder Autofahrer ist die regelmäßige Fahrt zur Tankstelle gewohnt, es bräuchte keine neuen Ladestationen im ganzen Land. Die Tankwarte müssten nur lernen, wo die Batterie zu finden ist und wie sie rasch getauscht werden kann.

Meiner Meinung nach wird die wahre Energiewende im Verkehr aber nicht mit dem Elektroauto erreicht werden. Seit fast 30 Jahren lebe ich ohne eigenes Auto und nutze fast ebenso lange das gemeinschaftliche System des Car-Sharing, wenn ich auf die Benützung eines Wagens angewiesen bin. Wer kein eigenes Fahrzeug besitzt, fährt auch nicht dauernd damit, ist meine simple Erfahrung. Viele meiner Bekannten in der Stadt geben zu, nur mehr aus Gewohnheit am eigenen Wagen festzuhalten, nicht aus Notwendigkeit. Die Energiewende im Verkehr bedeutet, dass wir statistisch nur mehr jeden zweiten Weg mit dem eigenen Auto zurücklegen, wie die Studie des österreichischen Umweltministeriums zur Energieautarkie im Jahr 2010 klarmachte. Heute sind es noch zwei Drittel aller Wege. Wir haben also eine große Aufgabe vor uns.

In der Stadt ist ohnehin das Fahrrad das Verkehrsmittel der Zukunft, es wird allein mit Muskelkraft angetrieben und braucht nicht einmal Solarenergie (was nicht ganz stimmt: Bei Sonnenschein sind die meisten Radfahrer unterwegs). Eine Stadt mit besonders hohem Radanteil ist Kopenhagen, die Hauptstadt Dänemarks. Noch nie habe ich in einer Stadt so viele Fahrräder und so wenige Autos gesehen. Ein Drittel aller Einwohner fährt dort täglich mit dem Rad zur Arbeit, zur Schule oder zum Einkaufen. Jeden Tag werden in Kopenhagen mehr als eine Million Kilometer radelnd zurückgelegt. Wir hatten beschlossen, ein paar Tage Urlaub in dieser entzückenden Stadt zu machen, und ich schlug vor, einen Tag lang die Sehenswürdigkeiten mit dem Rad zu erkunden. Meine Frau war anfangs skeptisch, sie kannte Radfahren nur von Wien, wo Radwege oftmals überraschend enden und man mitten im normalen Autoverkehr landet. Die Kinder und ich überstimmten sie schließlich und wir fuhren los, unsere Rundfahrt wurde ein tolles und einprägsames Erlebnis. Als sie am Ende des Tages vom Rad stieg, meinte sie: „Das war richtig toll, man fühlt sich hier als Radfahrer so sicher, man hat unglaublich viel Platz und wird nicht von Autos bedrängt. Da würde ich sogar in Wien mit dem Rad zur Arbeit fahren." Nicht nur in Kopenhagen, in ganz Dänemark hat Radfahren eine Selbstverständlichkeit erreicht, die mich staunen ließ. Jedes Hotel in der Stadt bietet Leihräder an (was mich auf die Idee unseres Radausfluges brachte), selbst in kleinsten Ortschaften ist jede Tankstelle zugleich Fahrradverleih und Reparaturwerkstatt. Dänemark zeigt, dass die Energiewende im Verkehr nicht nur mehr Spaß bringt (oder sind Sie auf einem Radweg schon mal im Stau gestanden?), sondern auch Unfälle vermeidet und den Treibstoffverbrauch senkt. Den Energieverbrauch, der dann noch für Kraftfahrzeuge verbleibt, kann erneuerbare Energie auf jeden Fall decken.

## Mut zur Energiewende

Die Energiewende ist in letzter Konsequenz ein Totalumbau der Energieversorgung. Das ist es auch, wovor viele Menschen zurückschrecken. Wenn alles anders wird, wie soll das gehen? Wird das Neue besser funktionieren als das Alte? Wer wird dafür Sorge tragen? Werden wir uns das Neue überhaupt leisten können? Natürlich sind diese Fragen berechtigt und müssen ernst genommen werden. Dennoch wird man sie nicht im Vorhinein umfassend beantworten können. Wie bei allen bahnbrechenden Neuerungen und Umwälzungen ist auch die Energiewende ein Experiment ohne Blaupause. Sie verlangt, mit altbekannten Traditionen zu brechen, ohne Vorbilder für das Neue zu haben, an die man sich halten kann. Sie wird auch weitreichende Auswirkungen auf unser Leben nach sich ziehen, wie ich am Beginn des Kapitels gezeigt habe.

Falls Sie bei diesen Zeilen vielleicht Zweifel bekommen, ob Sie das wirklich wollen, sage ich Ihnen: Ich freue mich darauf. Wir haben uns viele Dinge angewöhnt, die uns nicht gut tun und die allein durch billige fossile und atomare Energiequellen möglich geworden sind. Der Journalist Edmund Brandner hatte im Jahr 2010 den Versuch unternommen, ein Jahr lang möglichst ohne diese Energiequellen zu leben. Eigentlich war es als Scherz gedacht, als er seinem Chefredakteur bei den *Oberösterreichischen Nachrichten* vorschlug, einmal auszuprobieren, wie es wäre, mitten in Europa so zu leben, wie die Klimaforscher es von uns verlangen. Der Chef schlug ihm lachend auf die Schulter und meinte: „Edmund, das machst du!" Brandner wäre sicher noch verdutzter gewesen, hätte er geahnt, dass diese Antwort den Alltag seiner Familie in den folgenden Monaten grundlegend auf den Kopf stellen würde. Als Liebhaber von Schnitzel und Leberkässemmel begann er zu Anfang weniger Fleisch zu essen. Besonders hart war der Verzicht auf die Leberkässemmel, die er „zum Entsetzen meines Hausarztes" zweimal in der Woche bereits zum Frühstück verdrückt hatte. Nachdem diese schwierige Hürde genommen war, wagte er sich daran, sein Auto zu verkaufen. Diese Veränderung warf ihn erneut aus der Bahn. „Ich glaubte, jetzt sei mein Leben vorbei", schildert Brandner das Erlebnis. Nach zwei Monaten Klimaschutz im Selbstversuch musste er jedoch zu seiner Verblüffung feststellen, dass ihm das neue Leben gefiel: „In meinem früheren Leben fuhr ich abends mit dem Auto nach Hause und nahm im Kopf den ganzen Redaktionsstress mit. Um herunterzukommen, trank ich zuerst ein Bier, dann fuhr ich mit dem Auto zur Videothek oder ins Kino, um einen Unterhaltungsfilm zu konsumieren. Für Anspruchsvolleres fehlte mir die Energie. Jetzt fahre ich gemütlich mit dem Rad nach Hause. Um das Klima zu retten. Dass ich selbst auch davon profitiere, hätte ich nicht gedacht. Aber ich schwöre es, wer fünf Kilometer bergauf radelt, tritt alles Belastende aus sich heraus. Seit meinem Eintritt in den Orden der Klimamönche komme ich täglich völlig entspannt zu Hause an. Davon profitiert vor allem meine Familie." Wir brauchen uns vor den Veränderungen nicht zu fürchten, die auf uns zukommen, wenn die Energiewende gelingt. „Was vordergründig wie Verzicht aussieht, ist in Wahrheit ein Gewinn. Unser Leben hat an Hektik verloren und an Genuss gewonnen", zog Brandner nach zwei Jahren Bilanz. Seine Erfahrungen fasste er im *Tagebuch eines Klimamönchs* zusammen, das sich ebenso amüsant wie die Kolumne liest, die er während seiner Klima-Fastenzeit in den *Oberösterreichischen Nachrichten* schrieb. Brandners Kolumne während des Selbstversuchs im Jahr 2010 kann man im Original unter www.nachrichten.at nachlesen.

Wir können die Auswirkungen der Energiewende nicht bis in die letzte Konsequenz vorhersagen, doch sollte uns das daran hindern, sie zu wagen? Liegt darin nicht die Natur von Fortschritt, dass er Neues schafft? Niemand hatte die gesellschaftlichen Auswirkungen des Internet vorhergesehen. Hätte jemand vorausgesagt, dass man sich irgendwann zwischen Zeit mit dem Computer und Zeit mit der Familie entscheiden muss … gut, vielleicht hätte der Computer gewonnen. Aber hätten sich SMS durchgesetzt, wenn allen Eltern vorher klargemacht worden wäre, dass ihre Kinder die Muttersprache verlernen und durch eine Fantasiesprache ersetzen, die Hunderte Kurznachrichten in der Stunde erlaubt? FKK BIGLEZU-

HAU. Falls das nicht geklappt hat, folgt Wochen später: DUWIPA! (Du wirst Papa.) Akla? Wer das nicht verstanden hat: Pg. Fragen Sie Ihre Kinder.

Die technischen Innovationen der letzten 20 Jahre haben auch neue Freiheiten gebracht. Zum Beispiel Arbeiten am Laptop zu Hause. (Es klopft. „Nein, Papa hat grad keine Zeit, er schreibt an einem Buch." Es klopft erneut. „Ich kann jetzt nicht!" Eine Stimme: „Kannst du mit mir was spielen?" Work at home erstmal beendet.) Oder im Freien, wo ich lernte, immer Taschentücher dabei zu haben, falls ich unter einem schattigen Baum sitze, den eine Vogelfamilie als Toilette benützt. Np! (No Problem!) In der Internetsprache der Jugend könnte man Bücher wie dieses auf 2000 SMS komprimieren und locker innerhalb des Freikontingents von zwei Monaten verschicken. Schon wieder eine neue Geschäftsidee! Die Folgen für die Verlagsindustrie wären allerdings unabsehbar.

Genau diese Unbeschwertheit gegenüber Veränderungen brauchen wir auch bei der Energiewende. Natürlich wird der völlige Ausstieg aus fossiler und atomarer Energie am Ende alles auf den Kopf stellen. Na und? Wenn man in einem brennenden Haus steht, macht es wenig Sinn zu fragen, ob es draußen regnet. Dann heißt es einzig und allein: raus hier! Mir ist natürlich klar, dass der Mensch ein Gewohnheitstier ist, das gern bei dem bleibt, was es kennt und auch lange damit zufrieden ist. Davon leben alle Stammlokale. Wird die Situation aber unerträglich, und das wird sie mit Sicherheit, wenn wir nichts ändern, siehe die vorhergehenden Kapitel, dann gilt: Zu Tode gefürchtet ist auch gestorben. Ich halte es mit Martin Luther King, der zur Situation der Schwarzen in Amerika sagte: „You see things and you say: Why? But I dream things that never were and I say: Why not?" Diese visionäre Zuversicht gegenüber dem Wandel werden wir brauchen, um bei der Energiewende voranzukommen.

Dabei geht es nicht allein darum, ein paar Solaranlagen zu installieren oder in Kraftwerken Biomasse statt Kohle zu verfeuern. Es geht um kraftvolle Bilder, die Bürger aller Schichten erreichen und motivieren, sich für die Energiewende einzusetzen. „Wenn Du ein Schiff bauen willst, so trommle nicht Männer zusammen, um Holz zu beschaffen, Aufgaben zu vergeben und die Arbeit einzuteilen, sondern lehre den Männern die Sehnsucht nach dem weiten, endlosen Meer", meinte Antoine de Saint-Exupéry. Oder, wie es der Alternative Nobelpreisträger Huang Ming ausdrückt: „If we think on Solar, it is always about energy. This is wrong: solar has to become more, solar is an attitude, a new life style!" Was Sie dazu beitragen können, lesen Sie im nächsten Kapitel.

# Was wir alle für die Energiewende tun können

> „Sei du selbst die Veränderung,
> die du dir wünschst für diese Welt."
>
> *Mahatma Gandhi*

Als ich in den 1980er Jahren an der Technischen Universität Wien studierte, waren Absolventen der Elektrotechnik sehr gefragt. Ich hatte mein Diplom noch nicht in der Tasche, als die ersten Stellenangebote von Siemens, Philips und Elin eintrafen. Die angebotenen Jobs waren lukrativ, ich hatte die Wahl, in der Schaltzentrale eines Kraftwerks zu arbeiten, die Steuerung von Gasturbinen zu verbessern oder große Energienetze zu optimieren. Daran hatte ich jedoch kein Interesse, ich wollte mich nach dem Studium mit erneuerbarer Energie beschäftigen, die damals noch „alternative Energie" hieß. Leopold Kohr hatte geraten, sich „mit den technischen Problemen vor Ort zu beschäftigen" statt nur mit Großtechnik, wie wir es an der Universität lernten. „Alle Probleme der Gesellschaft können nur im Kleinen gelöst werden, auf der Ebene von

Gemeinden und Regionen, wo man die Zusammenhänge noch durchschaut", war er überzeugt.

Ich lernte den Nationalökonomen und Alternativen Nobelpreisträger Kohr 1988 in Wien kennen, als er einen Vortrag beim Symposium „Angepasste Technologie" hielt, das ich gemeinsam mit Studienkollegen organisierte. Meine Aufgabe war es, ihn während der Tagung zu betreuen. Kohr war damals 79 Jahre alt, er sah und hörte schlecht, hatte sich aber eine unbeschwerte Heiterkeit bewahrt, mit der er die „auf Größe fixierte Welt" betrachtete. Ich mochte diesen amüsanten alten Herrn und begann mich mit seiner Theorie anzufreunden, dass es eine Rückkehr zu kleinen und überschaubaren Einheiten brauchte, um unsere Energieprobleme zu lösen. Einige Monate später erfuhr ich von einem Windrad, das im Salzburger Hochgebirge im Selbstbau errichtet worden war und ständig Probleme mit der Leistungsregelung hatte. Diese Aufgabe kam mir wie gerufen. Im nächsten Seminar meines Studiums machte ich mich daran, eine neue Regelung für die Windkraftanlage in Salzburg zu entwerfen. Der betreuende Professor war alles andere als begeistert. Er hielt mein Vorhaben für eine unbedeutende technische Spielerei, die mich nach dem Studium keinen Schritt weiterbringen würde. Ich beharrte jedoch darauf, schließlich ließ er mich gewähren und ich durfte weiter an meinen Schaltkreisen werken. Der fertige kleine Kasten wurde später beim Windrad eingebaut und funktionierte wesentlich zuverlässiger als das alte Gerät. Von diesem Erfolg angespornt wollte ich Jahre später meine Diplomarbeit dem Thema Windkraft widmen, stieß jedoch erneut auf Unverständnis. „Windenergie wird in Österreich niemals eine Rolle spielen, suchen Sie sich ein anderes Thema", riet mir der damalige Leiter des Institutes für Energiewirtschaft, Professor Peter Jansen, der eine Betreuung meiner Diplomarbeit ablehnte. An der Universität hatte damals niemand Interesse, sich näher mit erneuerbarer Energie zu beschäftigen. Diesen Umstand beklagte ich auch wortreich in meiner Rede zur Sponsion, was dazu führte, dass danach drei Jahre lang alle Sponsionsreden genehmigt werden mussten, bevor sie gehalten wurden.

Ich nahm mir vor, mich beruflich allein erneuerbarer Energie zu widmen, da ich in ihr die Zukunft sah. Glücklicherweise begann wenige Monate nach Abschluss meines Studiums ein Projekt, das dem Erfolg der Selbstbaubewegung von Solaranlagen auf der Spur war, die damals boomte (siehe Kapitel „Die Energiewende hat begonnen"). Dies war mein Berufeinstieg, seither bin ich der erneuerbaren Energie treu geblieben und habe es keinen Tag bereut. Nicht die alten Technologien, das Neue braucht unsere Kraft! Es macht auch viel mehr Spaß, sich mit Sonne, Wind, Wasser und Holz zu beschäftigen als mit Öl, Gas, Kohle oder Atomenergie. Da erneuerbare Energie dezentral genutzt wird, hat man nicht allein mit Technik, sondern viel mit Menschen zu tun, ist meine Erfahrung. Man hilft dem Klimaschutz und erntet meist ein sympathisches Lächeln, wenn man erzählt, dass man für Sonne & Co arbeitet. Vielleicht wollen Sie Ihre beruflichen Fähigkeiten und Talente in Zukunft auch in den Dienst der Energiewende stellen?

So mancher hat dabei seine Erfüllung gefunden, wie Carsten Körnig aus Berlin. Der heute 43-jährige Solarexperte wollte in seiner Jugend eigentlich Dirigent werden, wie er mir anvertraute. „Ich besuchte oft klassische Konzerte, mit der Partitur unterm Arm, um von bekannten Dirigenten zu lernen", erinnert sich Körnig. Sein Traum war es, eines Tages selbst am Dirigentenpult zu stehen und mit großen Orchestern die Werke der Klassik nach seinen Vorstellungen zu formen. Fanden gerade keine Konzerte statt, widmete er sich seiner zweiten großen Leidenschaft, dem Umweltschutz. Dabei traf er durch Zufall den Zukunftsforscher und Buchautor Robert Jungk. Der alte Herr, eine Galionsfigur der Anti-Atombewegung, sprach lange mit dem jungen Mann und meinte, das Wichtigste sei, sich für eine nachhaltige Zukunft einzusetzen. „Nur wenn die Jugend sich für Veränderungen engagiert, haben wir eine Chance, dass sie auch geschehen", sagte er. Diese Begegnung hinterließ bei Körnig einen nachhaltigen Eindruck. Er legte die Noten nach einiger Zeit beiseite und begann sich bei der Umweltorganisation Greenpeace zu engagieren. Als Aktivist organisierte er Aktionen gegen Gentechnik und verteilte Flugblätter gegen die Herstellung FCKW-haltiger Dämmstoffe, die das Klima schädigen. Ende der 1990er Jahre ließ er mitten in Berlin einen großen Platz absperren und enthüllte eine Baustellentafel, auf der zu lesen war: „Hier entsteht eine moderne Produktionsanlage für Solartechnik." Die Solarfirma gab es in Wahrheit nicht, die Medien jedoch verstanden die Botschaft und stellten die Frage, warum die Regierung den Ausbau der Solarenergie blockierte. Körnig bemerkte, dass die Solarbranche keine Vertretung hatte, keine gemeinsame Stimme. Im Konzert der Energiewende spielte jeder eine andere Geige, es fehlte der gemeinsame Klang. Im Jahr 1998 lud er die Firmen in ein Restaurant in Berlin, um einen Solarverband zu gründen, der das gemeinsame Bild des Wandels nach außen transportieren sollte. Heute zählt der Verband zu den größten in Europa und hat die

Energiewende der letzten Jahre in Deutschland wesentlich mitbestimmt. Als Körnig mir die Geschichte zehn Jahre später bei einem Heurigenbesuch in Wien erzählte, sagte ich: „Irgendwie hast du deinen Lebenstraum doch erfüllt, du bist zu einem Dirigenten der Energiewende in Europa geworden!" Körnig antwortete mit einem Lächeln. Und was ist Ihr Lebenstraum?

## Demonstrieren für die Sonne

Am 5. März 2012, ein strahlend blauer Frühlingstag, hatte sich in Berlin eine riesige Menschenmenge vor dem Brandenburger Tor versammelt. Über den Köpfen wogte ein Wald von Transparenten, die meisten gelb mit einer traurigen Sonne, der ein Strahl gebrochen war. Ein Stelzengeher mit überdimensionaler Sonnenmaske durchschritt das Meer der 11.000 Demonstranten, die aus allen Teilen des Landes angereist waren. Die Regierung hatte drastische Kürzungen bei der Vergütung von Solarstrom angekündigt, die Entscheidung sollte noch im selben Monat fallen. Die Solarfirmen befürchteten, die Verbreitung von Solaranlagen würde nach diesem Beschluss zum Erliegen kommen. Viele Belegschaften waren angereist und schwenkten Schilder, auf denen „Wir sind die Energiewende!" zu lesen war. Sie knüpften damit an die historischen Ereignisse des Jahres 1989 an, als Hunderttausende Bürger der DDR durch die Straßen zogen, um in Sprechchören gegen Unfreiheit und Bevormundung zu protestieren. Die Parole „Wir sind das Volk!" ging in die Geschichte ein und zierte im Februar 1990 die letzten Briefmarken der DDR, die im Herbst darauf aufgelöst wurde. Der Staat war erstarrt, alle

Aufrufe zur Veränderung wurden im Keim erstickt. Auch wenn der historische Vergleich vielleicht überzogen war, die Demonstranten sahen sich einer Politik gegenüber, die den Wandel zu verhindern versuchte, um das bestehende System möglichst lange aufrecht zu erhalten. „Man kann nicht gleichzeitig aus der Atomenergie und der Kohle aussteigen", meinte SPD-Chef Sigmar Gabriel zum *Handelsblatt*. „Auch Kohlekraftwerke werden noch auf Jahrzehnte ihre Berechtigung haben."

Der Auflauf vor dem Brandenburger Tor war bereits die zweite Großdemonstration für die Energiewende, die Deutschland erlebte. Auch im Jahr 2003 gingen Tausende Menschen auf die Straße, um gegen Einschnitte beim Erneuerbare-Energien-Gesetz EEG zu protestieren. Als eindrucksvolle Kulisse wurde damals eine 50 Quadratmeter große Solarstromanlage vor dem Regierungsgebäude aufgebaut, flankiert vom 20 Meter langen Flügel einer Windkraftanlage. Gewerkschaften und Wirtschaftsverbände hatten sich dem Protest angeschlossen, die Energiewende bekam damit eine neue gesellschaftliche Basis. „Es kann nicht sein, dass die Regierung sehenden Auges und ohne Not in die Existenz von Zehntausenden Menschen eingreift", kritisierte Dietmar Hexel vom Deutschen Gewerkschaftsbund die geplanten Kürzungen. Der Protest wurde durch eine Befragung des Institutes TNS Emnid unterstützt, nach der zwei Drittel der Bürger die geplante Solarkürzung für falsch hielten. Der Druck von der Straße und die zahlreichen Medienberichte führten tatsächlich zu einem Einlenken der Politik, die geplanten Kürzungen wurden zurückgenommen. Der Solarausbau konnte weitergehen, im Jahr darauf verdoppelte sich die Zahl neuer Anlagen. Bei der Großdemonstration im Jahr 2012 war der Solarmarkt bereits auf das 75-Fache angewachsen, Solarstrom deckte knapp fünf Prozent des deutschen Strombedarfes. Wieder konnten schmerzhafte Einschnitte bei der Vergütung verhindert werden. Das Jahr 2012 erreichte mit 7600 Megawatt neu installierter Leistung bei Photovoltaik erneut eine Rekordmarke. Man sieht, es macht Sinn, für die Durchsetzung der Energiewende auf die Straße zu gehen. Daher mein Tipp: Wenn Sie von einer Demonstration für den Ausbau erneuerbarer Energie erfahren, nehmen Sie teil! Frei nach der brasilianischen Weisheit: Geht einer allein auf die Straße, ist es nur ein Traum. Gehen viele gemeinsam, ist es der Anfang von etwas Neuem. Stell dir vor, es ist Energiewende und alle gehen hin!

## Umsteigen auf Ökostrom

Damit die Energiewende greift, ist es wichtig, erneuerbare Energie im Alltag zu nutzen. Eine einfache Möglichkeit ist der Umstieg auf Ökostrom. Das ist einfacher als der Umstieg auf einen neuen Handytarif. Wenn Sie von Ihrem derzeitigen Stromlieferanten auf einen Ökostromanbieter umsteigen, dann stellen Sie damit sicher, dass die von Ihnen verbrauchte Strommenge im ganzen Jahr mit Ökostromanlagen erzeugt wird. Natürlich kommt nicht in jedem Moment genau der Strom aus der Steckdose, den „Ihre" Anlagen produzieren, da es nur ein Stromnetz für alle gibt. Sie zahlen dennoch nur für Strom aus Ökostromanlagen, dafür sorgt Ihr Ökostromanbieter. Sie lenken damit das Geld Ihrer Stromrechnung von Kohle-, Gas- und Atomkraftwerken zu Solar-, Wind- und Wasserkraftwerken um, was ein sehr wirksamer Beitrag zur

Energiewende ist. Ökostrom kostet heute gleich viel wie normaler Strom aus der Steckdose, wie Sie beim Vergleich verschiedener Anbieter feststellen werden. Einen Strompreisvergleich für Österreich finden Sie unter http://www.e-control.at, für Deutschland unter http://strompreise.focus.de.

Was Sie für den Umstieg brauchen, finden Sie problemlos im Internet.

Ich selbst beziehe seit dem Jahr 2000 Ökostrom, sowohl zu Hause als auch im Büro. Seit mehr als einem Jahrzehnt hat damit kein fossiles oder atomares Kraftwerk in Europa auch nur einen Cent an mir verdient. Das Geld ist ausschließlich in neue Wasserkraftwerke, Photovoltaikanlagen, Windkraftwerke und Biogasanlagen geflossen, die bei meinem Ökostromanbieter unter Vertrag stehen. Das erfüllt mich mit Zufriedenheit. Es hat mir auch gezeigt, dass die Kritiker Unrecht haben, die die Energiewende immer als unfinanzierbar hinstellen. „Eating a burger less per week can create an energy revolution", sagt Hans Jørgen Koch. Der dänische Staatssekretär für Klima, Energie und Gebäude war im Mai 2012 zu Besuch in Wien, wo er einen Vortrag zum Energy Agreement 2050 hielt. Diese Vereinbarung war zwei Monate davor einstimmig von allen Parteien im dänischen Parlament beschlossen worden. In den nächsten 40 Jahren soll das Land komplett unabhängig von fossilen und atomaren Energiequellen werden. Die Kosten dafür wurden auf 500 Millionen Euro pro Jahr geschätzt. Koch hatte den Abgeordneten jedoch vorgerechnet, dass jeder Haushalt nur 165 Euro pro Jahr beitragen muss, also etwa drei Euro pro Woche. Dafür kann man sich in Kopenhagen gerade einen Burger in einem Fast Food Restaurant kaufen. „Einen Burger weniger pro Woche zu essen

178

sichert nicht nur die Finanzierung der Energiewende, es hilft auch der Volksgesundheit", erklärte Koch schmunzelnd. Drei Euro pro Woche klingt wenig, aber kann sich das jeder leisten? Ich denke schon, wenn Sie überlegen, was Sie allein für Ihr Handy zahlen. Handys sind heute in allen Schichten der Gesellschaft verbreitet, mit einem günstigen Vertrag samt Gratishandy liegt man etwa bei diesem Betrag. Wer das für unfinanzierbar hält, will nur verunsichern.

## Energiewende als Geldanlage

Im Jahr 1995, meine älteste Tochter war gerade drei Jahre alt, legte erstmals eine Genossenschaft in Oberösterreich Anleihen auf, um einen kleinen Windpark zu finanzieren. Die zwei Windräder mit je 500 Kilowatt sollten zehn Jahre lang drei Prozent Zinsen liefern, was mir ein vernünftiges Angebot schien. Viel mehr hätte ich auch auf der Bank nicht bekommen, um für das Kind anzusparen. Die Windkraftanlagen liefen tatsächlich zuverlässig und brachten zehn Jahre lang die versprochene Verzinsung herein. An ihrem 13. Geburtstag überreichte ich meiner Tochter schließlich stolz ein Sparbuch mit den Worten: „Das ist dein erstes Geld, das von einem Windrad erwirtschaftet wurde." Auf ähnliche Weise wurden seither Hunderte Windparks finanziert, die den Menschen eine sinnvolle Geldanlage boten, statt ihr Geld zu schlechten Konditionen der Bank zu überlassen.

Auch Solarparks werden über diesen Weg finanziert. Mit wenigen hundert Euro erwirbt man ein Paneel einer großen Gemeinschaftsanlage, das über mehr als zehn Jahre regelmäßig Zinsen liefert, die weit über jenen der Bank liegen. In Wien war das erste Bürgersolarkraftwerk mit 2100 Photovoltaikpaneelen binnen 26 Stunden ausverkauft. Nach sechs Tagen war auch das zweite Kraftwerk vergeben. Innerhalb eines Jahres wurden auf diese Weise fast 8000 Paneele mit privatem Kapital finanziert, die Strom für 800 Haushalte liefern. Das Interesse in der Bevölkerung ist weiterhin ungebrochen, die 1800 Paneele des sechsten Bürgerkraftwerks waren nach einem Tag verkauft. Weitere Anlagen sind bereits in Planung. Man kann sich aber auch direkt an einem Unternehmen beteiligen, wenn man sein Geld in die Energiewende investieren will. Dabei muss man nicht unbedingt an die Börse gehen. Einige Firmen handeln ihre Aktien in eigenen Traderooms, die sie sachkundig verwalten. Als die Börsenkurse während der Finanzkrise im Jahr 2008 rapide fielen, verzeichneten diese Aktien nur geringe Ausschläge. Mein Ökostromanbieter ist auf diese Weise organisiert, er steht im Eigentum von fast 2000 Privatpersonen, ich bin eine davon. Der Grund meiner Investition war die Beobachtung, dass Ersparnisse auf der Bank jedes Jahr an Wert verlieren. Die Zinsen liegen trotz der rührenden Bemühungen meines Bankbetreuers stets unter der Teuerungsrate. Langsam, aber stetig, schmilzt damit das Geld dahin, statt sich zu vermehren. Irgendwann wurde mir klar, dass die Bank nichts mehr für mich tun kann. Eine Kapitalerhöhung meines Ökostromanbieters war schließlich die Gelegenheit, mein Geld in das Unternehmen zu investieren, das mir bereits seit zehn Jahren zuverlässig sauberen Strom lieferte. Heute verfolge ich mit Freude, wie die Schar der Ökostromkunden wächst und die Umsätze meines Anbieters steigen. Damit steigt auch der Aktienkurs, der nach einem Jahr bereits um 17 Prozent über dem Kaufpreis liegt.

Wenn viele Menschen in die erneuerbare Energieversorgung investieren, entsteht eine Kapitalmacht, die sich den Bremsern der Energiewende entgegenstellt. Wenn Sie sich an Anlagen oder Unternehmen finanziell beteiligen, tragen Sie konkret dazu bei, den Umbau der Energieversorgung zu beschleunigen. Geld ist Macht, das gilt auch bei der Energiewende. Es ist egal, wie viel Geld Sie in die Hand nehmen, jeder Euro zählt!

# Jetzt die entscheidenden Weichen stellen

„Mut steht am Anfang des Handelns,
Glück am Ende."
*Demokrit*

Im Jahr 2013 erlebten meine jüngere Tochter und ihre Nichte zu Ostern eine herbe Enttäuschung. Seit Tagen hatten sie sich darauf gefreut, den Garten meiner Eltern nach Schokolade, Eiern und kleinen Geschenken zu durchsuchen. Mit Begeisterung wollten sie in Astgabeln, Dachrinnen, Vogelhäuschen und Rosenbeeten stöbern, um Osternester ausfindig zu machen. Die Suche war das Beste am ganzen Osterfest, fanden sie. Diesmal mussten wir den Kindern jedoch mitteilen, dass die Suche nicht im Freien stattfinden würde. Wir hatten sie ins Haus verlegt. „Die Verstecke im Haus sind aber viel langweiliger!", protestierte die Nichte, schlüpfte in ihre Schuhe und lief hinaus. Nach wenigen Metern blieb sie stehen und sah sich um. Der ganze Garten lag unter einer dicken Schneedecke, die der Grund für unsere Entscheidung gewesen war. Seit Tagen herrschten Temperaturen unter dem Gefrierpunkt, was es „seit Beginn der Wetteraufzeichnungen um die Zeit noch nie gegeben hatte", wie der Meteorologe Lars Lowinski in einem Interview erklärte. Auch meine Eltern, beide über 70, konnten sich nicht daran erinnern, dass zu Ostern je so viel Schnee gelegen hatte. Auf den Ostermärkten nahm man es mit Humor und servierte heißen Osterpunsch, was zusammen mit der Kälte das Gefühl aufkommen ließ, auf einem Weihnachtsmarkt zu sein. Man wartete förmlich darauf, dass jeden Moment ein rot gekleideter Mann mit Bart und Zipfelmütze um die Ecke bog. Die meisten Leute hatten den Winter satt und murrten, er dauere einfach schon viel zu lange.

Im April wurde es langsam wärmer und der trübste Winter seit 130 Jahren nahm endlich ein Ende. Doch die Freude währte nur kurz. Die Schneeschmelze hatte die Flüsse gewaltig anschwellen lassen, im Juni waren schließlich die Hochwassermarken erreicht. Viele Städte entlang der Donau wurden überschwemmt, in der deutschen Grenzstadt Passau stieg der Pegel auf zwölf Meter, der höchste Wert seit dem Mittelalter. Im oberösterreichischen Schärding ragten nur mehr die Dächer aus den Fluten, die Menschen waren verzweifelt. Es war bereits das zweite Jahrhunderthochwasser in nur elf Jahren, das letzte hatte sie im Jahr 2002 heimgesucht.

Kaum hatten sich die Fluten zurückzogen, folgte in ganz Mitteleuropa eine Hitzewelle. In Österreich stieg das Thermometer auf über 40 Grad, die höchste jemals gemessene Temperatur. Die Hitze war kaum auszuhalten, so oft wie diesen Sommer war ich noch nie im Schwimmbad. „Der Sommer 2013 war ungewöhnlich warm, er belegt Platz sechs in der

246-jährigen Geschichte unserer Temperaturmessung", stellte der Klimatologe Alexander Orlik fest. Im Juni 2013 waren bei Hochwasser und Hitze gleich zwei Jahrhundertrekorde in einem Monat gebrochen worden. Einen Monat davor hatten die US-Wetterbehörde NOAA und die Scripps Institution of Oceanograpy in Kalifornien berichtet, dass die Kohlendioxid-konzentration der Atmosphäre zum ersten Mal auf über 400 ppm gestiegen war (also 400 Kohlendioxid-Moleküle pro Million Luftteilchen). „Wir sind dabei, ein prähistorisches Klima wie vor drei Millionen Jahren zu erzeugen, wo dieselbe Konzentration von Kohlendioxid in der Atmosphäre herrschte", kommentierte Bob Ward vom Klimaforschungsin-stitut der London School of Economics die Nachricht. „Damals war es auf der Erde um zwei bis drei Grad wärmer, es gab weniger Polareis und der Meeresspiegel lag 20 Meter höher als heute."

Der Klimawandel ist also voll im Gange, wie man sieht. Die Hauptverantwortung dafür tragen wir Menschen. Dies gilt mittlerweile zu 95 Prozent als gesichert, wie der Weltkli-marat IPCC in seinem neuesten Bericht im September 2013 mitteilte. „What would you do if your doctor was ninety-five percent sure you had a serious illness?", fragte EU-Klimakom-missarin Connie Hedegaard auf Twitter, als der Bericht erschien. Laut IPCC waren die häufigen Überschwemmungen und Hitzewellen der letzten Jahre nur ein Vorgeschmack auf das, was uns in Zukunft erwartet, wenn wir die Kohlendioxid-emissionen nicht reduzieren. „Ich appelliere an alle Politiker, das ernst zu nehmen, was die Wissenschaftler im Konsens erarbeitet haben. Die vom Menschen verursachten Störungen bringen das Klimasystem stark aus dem Gleichgewicht", warnt der Gletscherforscher Georg Kasper, der an der Erstellung des Berichts beteiligt war. Die Kohlendioxidemissionen sind die Wurzel des Problems, wie der Klimabericht zeigt. Dort müssen wir ansetzen. Wir müssen daher das fossile Zeitalter beenden, wenn wir den Klimawandel in den Griff bekommen wollen. Das ist der wichtigste Grund, warum wir eine Energiewende brauchen. Und zwar so rasch wie möglich.

## Plötzlich ist alles anders – oder doch nicht?

Wenn ich auf die zwei Jahre zurückblicke, in denen dieses Buch entstand, sehe ich trotz der Dramatik des fortschreitenden Klimawandels keine ernsthaften Anzeichen, dass die Vertreter der Wirtschaft den fossilen Weg verlassen wollen. Im Gegenteil, die Wirtschaftsminister von Deutschland und Österreich zeigten unverhohlene Freude, als im April 2013 ein EU-Gesetz im ersten Anlauf scheiterte, um die Kohlendioxidemissionen zu begrenzen. Seit dem Jahr 2005 hatten große Industrieanlagen und Kraftwerke in Europa nur mehr eine begrenzte Erlaubnis erhalten, Kohlendioxid auszustoßen. Die erlaubten Mengen wurden darüber hinaus alle paar Jahre verringert, um Druck auf die Firmen auszuüben, ihre Emissionen zu senken. Überschritt ein Unternehmen die zugeteilte Menge, musste es Strafe zahlen und die fehlenden Emissionsberechtigungen, sogenannte Zertifikate, nachkaufen.

Am Anfang schien dieses System gut zu funktionieren. Nach einem Jahr begann jedoch der Preis für die Zertifikate zu fallen. Es stellte sich heraus, dass den Unternehmen weit mehr Zertifikate genehmigt worden waren, als sie tatsächlich brauchten. Dieses Überangebot drückte den Preis von anfänglich dreißig auf fünf Euro je Tonne Kohlendioxid. Damit konnten selbst Kohlekraftwerke, die besonders hohe Emissionen verursachen, noch wirtschaftlich arbeiten. So konnte es nicht weitergehen, stellte die EU-Klimakommissarin Connie Hedegaard fest. „Wir brauchen einen funktionierenden europäischen Emissionshandel, um innovative, kohlendioxidarme Technologien in Europa zu fördern", forderte sie und schlug vor, 900 Millionen Zertifikate für einige Jahre aus dem Verkehr zu ziehen. Dadurch sollte der Preis für Emissionen steigen, Investitionen in Klimaschutz sich für die Betriebe wieder lohnen. Bei einer Abstimmung im Europaparlament Mitte April 2013 lehnte jedoch eine hauchdünne Mehrheit der Abgeordneten den Gesetzesvorschlag ab. Industrievertreter und Wirtschaftspolitiker in ganz Europa applaudierten, man konnte also so weitermachen wie bisher. Der Preis für Zertifikate sank nach dem Beschluss auf unter drei Euro die Tonne.

Doch Hedegaard gab nicht auf. Das Gesetz ging zurück in den Umweltausschuss des Parlaments, wo es neuerlich diskutiert und um den Passus ergänzt wurde, die Kommission könne „unter außergewöhnlichen Umständen" Zertifikate früher als geplant wieder in den Verkehr bringen. Anfang Juli 2013 stimmte schließlich eine deutliche Mehrheit im Parlament für das Gesetz. Bis dato zeigte es jedoch kaum Wirkung auf dem Markt, der Preis für Zertifikate verharrte im September 2013 bei rund fünf Euro pro Tonne. Wenn Sie wissen wollen, wo der Preis steht, wenn Sie diese Zeilen lesen, dann werfen Sie einen Blick in die Handelsbörse unter http://www.eex. com/de/Marktdaten/Handelsdaten/Emissionsrechte. Wie es in den nächsten Jahren in der Klimapolitik und Energiepolitik weitergehen soll, hat die EU-Kommission in einem Grünbuch im März 2013 skizziert. „Europa wird von Jahr zu Jahr abhängiger von fossilen Kraftstoffen aus Drittländern. Für die Bürger in der EU bedeutet dies höhere, unbezahlbare Energierechnungen. Dies ist nicht gut. Es ist ganz offensichtlich nicht gut für das Klima, es ist aber auch nicht gut für unsere Wirtschaft und unsere Wettbewerbsfähigkeit", erklärte die Klimakommissarin.

Die Vertreter der Industrie und der klassischen Energiewirtschaft sehen das vollkommen anders, wie ich aus vielen Gesprächen weiß. Nicht fossile Energie war ihrer Meinung nach der Preistreiber der letzten Jahre, sondern Klimaschutz und erneuerbare Energie. „Die Energiewende darf unsere Kunden nicht überfordern, wenn sie den Energiepreis empfindlich erhöht, muss sie gestoppt werden", waren sich die Teilnehmer am Trendforum der Energiewirtschaft im April 2013 in Wien einig.

Ein Monat davor hatte OMV-Generaldirektor Gerhard Roiss in einem Interview appelliert, auf die nächste Generation erneuerbarer Energie zu warten, statt wie bisher auf Wind, Sonne und Biomasse zu setzen. „Europa ist in einer Sackgasse, mit der ersten Generation erneuerbarer Energie schafft man die Energiewende nicht", warnte er. Nur mit Geothermie und Wasserstoff würde es gelingen, die Energiewende billig und im großen Maßstab umzusetzen. „Aber das sind Projekte, die noch Jahre bis zur Marktreife brauchen." Übersetzt heißt das: Die Energiewende soll auf die lange Bank geschoben werden, bis sich Technologien finden, die besser ins Geschäftsmodell der OMV passen. Bei Geothermie und

Wasserstoff ist umfassendes Wissen zu Bohrungen und Raffinerien gefragt, die Kernkompetenzen des Unternehmens. Beide Technologien brauchen viel Geld und großtechnische Anlagen, was zur Unternehmenskultur der OMV passt. Die Energiewende ist hingegen ein Kulturwandel in Richtung einer dezentralen Energieversorgung, an der sich die Bürger finanziell beteiligen können. Es macht daher wenig Sinn, einen internationalen Ölkonzern zu fragen, wie es mit der Energiewende weitergeht.

Da wird man höchstens in die Gegenrichtung geschickt, wie ich im November 2012 erlebte. Die OMV hatte in den prunkvollen Redoutensaal der Wiener Hofburg eingeladen, um den neuen World Energy Outlook der Internationalen Energieagentur zu präsentieren. Seit vier Jahren hatte die IEA in jedem Bericht eine weltweite Energierevolution gefordert, eine radikale Abkehr von fossiler Energie, um den Klimawandel zu begrenzen und die Energieversorgung langfristig abzusichern. Die Aufforderung ihres Chefökonomen Fatih Birol, „das Öl zu verlassen, bevor es uns verlässt", wurde millionenfach zitiert. Der große Saal war daher bis zum Bersten voll, alle waren gespannt, welche neuen Details präsentiert würden, um die Dringlichkeit einer Energiewende zu untermauern.

Doch Birol war aus Paris angereist, um eine Kehrtwende zu verkünden. Die hohen Energiepreise der letzten Jahre hatten es wirtschaftlich gemacht, auch schwer zugängliche fossile Energiequellen wie Ölschiefer und Schiefergas zu fördern. In Kanada waren ganze Landstriche in Mondlandschaften verwandelt worden, um das schwarze, ölhaltige Gestein aus der Erde zu holen. In den USA wurden Tausende Löcher in die

Erde gebohrt, um an das Gas heranzukommen, das in Tausenden Metern Tiefe in porösen Tonschichten gefangen war. Der Preis für fossile Energie begann dadurch erstmals seit Jahren zu sinken. In den USA kostete Erdgas zum Zeitpunkt des Vortrages nur mehr ein Viertel dessen, was man in Europa zahlte. Energieintensive Betriebe, die aus Amerika wegen zu hoher Kosten ausgewandert waren, kehrten ins Land zurück, berichtete Birol. „In zehn Jahren könnten die USA zum weltweit größten Ölproduzenten aufsteigen, noch vor Saudi-Arabien", war seine verblüffende Prognose. Erneuerbare Energie hatte zwar ebenfalls weltweit massiv zugelegt, die Mengen waren aber immer noch viel zu gering. Sogar Kohle hatte im Jahr 2012 ein stärkeres Wachstum verzeichnet.

Die überraschenden Neuigkeiten der IEA verbreiteten sich wie ein Lauffeuer. Politiker und Medien begannen, die Hoffnung auf eine „grüne Energierevolution" als naiv zu bezeichnen und meinten, man dürfe vor den neuen fossilen Energiequellen „nicht die Augen verschließen". „Viele Klimaschützer träumen von der Energiewende, die Realität sieht aber anders aus", zog der ORF Bilanz. Roiss hatte sein Ziel erreicht, die Energierevolution war auf einmal auch ohne erneuerbare Energie vorstellbar.

Die von der IEA ausgelöste Erschütterung reichte bis nach Brüssel. „So wirklich rund läuft es mit der Energiepolitik der Gemeinschaft nicht. Was erneuerbare Energie betrifft, unterläuft der EU möglicherweise ein grundsätzlicher Fehler", gab EU-Energiekommissar Günther Oettinger beim Weltwirtschaftsforum in Davos im Januar 2013 zu bedenken. Dabei hatte Birol am Ende seines Vortrags gewarnt, dass ein neuerliches Aufflammen des fossilen Zeitalters den Klimawandel vollends außer Kontrolle bringen würde. „Wenn man es zynisch sieht, würde ich jetzt sagen: Gott sei Dank habe ich keine Kinder", meinte Herbert Lechner, den ich bei der Präsentation getroffen hatte. Der wissenschaftliche Leiter der Österreichischen Energieagentur brachte es damit auf den Punkt. Besser kann man nicht ausdrücken, dass hier etwas schief läuft, finde ich.

Noch ist die Reaktion in Europa auf die neue Energierevolution verhalten, es herrscht die Einstellung „interessant, aber bitte nicht bei uns", wie der Journalist Jakob Zirm schreibt. „Europa hat keinen dringenden Bedarf an Schiefergas", ist auch der für Energie zuständige Vorstand der Wiener Stadtwerke, Marc Hall, überzeugt. „Selbst die Polen sehen das langsam realistischer, die haben sich bei den Vorkommen um den Faktor 1000 verrechnet." Hall meint, das Thema werde in den Vereinigten Staaten „vor allem von börsenotierten Energiekonzernen vorangetrieben, deren Wert mit den Gasreserven steigt, die sie angeben."

Wie es tatsächlich um die Reserven steht, hat der Geologe J. David Hughes vom Post Carbon Institute in Kalifornien untersucht. In seiner Studie vom Februar 2013 wertete er 30 Schiefergasvorkommen mit 65.000 Bohrlöchern in den Vereinigten Staaten aus. Das Ergebnis war ernüchternd. Fünf der zehn größten Vorkommen verzeichnen einen Rückgang der Förderung, nur bei drei Gasfeldern steige die Produktion. Beim größten Gasfeld Haynesville ging die Förderung bereits im ersten Jahr auf ein Drittel zurück, es mussten über 700 neue Quellen angezapft werden, um die Produktion zu halten. Um die immensen Förderkosten zu decken, hat sich der Preis für Schiefergas seit dem Vorjahr fast verdoppelt. Das Bild, welches

Fatih Birol in der Hofburg gezeichnet hat, könnte in wenigen Jahren daher schon wieder ganz anders aussehen. Es gibt also keinen Grund, die Energiewende einzubremsen. Im Gegenteil, wir müssen im nächsten Jahrzehnt sogar noch einen Zahn zulegen, um den Irrweg der fossilen Energie so schnell wie möglich zu verlassen.

## Handelskrieg um erneuerbare Energie

Im Jahr 2012 mussten mehr als 20 europäische Photovoltaikhersteller Konkurs anmelden. Billige Photovoltaikmodule aus China hatten Europa überschwemmt, seit einigen Jahren war der Markt fast komplett in chinesischer Hand. Zinsenlose Kredite, Steuernachlässe, kostenlose Grundstücke und billige Energie ermöglichten den chinesischen Anbietern, die Konkurrenz in Europa um mehr als 20 Prozent zu unterbieten. Erneuerbare Energie ist ein Schwerpunkt im 12. Fünfjahresplan (2011–2015) der chinesischen Regierung, die Firmen werden „umfassend steuerlich und finanziell" unterstützt, wie es im Plan heißt. Das Geld dafür liefert die chinesische Entwicklungsbank CDB, deren Bilanzsumme im Jahr 2011 bei stolzen 800 Milliarden Euro lag. Wie *Bloomberg New Energy Finance* ermittelte, vergab die Bank seit 2010 an chinesische Solarfirmen rund 33 Milliarden Euro Kredite, für deren Rückzahlung der Staat haftet.

Die Solarfirmen in Europa und den USA hegten den Verdacht, China könnte mit seiner Strategie ein weltweites Monopol auf Photovoltaik anstreben. Einige Unternehmen der europäischen Solarindustrie, die auch auf dem amerikanischen Markt operieren, wandten sich in ihrer Verzweiflung an die US-Regierung. Sie forderten einen Ausgleichszoll für chinesische Importe, um dem Preisdumping entgegenzuwirken. Nach längerer Diskussion beschloss das US-Handelsministerium im Mai 2012 einen Strafzoll zwischen 30 und 250 Prozent des Warenwerts auf jene Importe, deren Preis deutlich unter dem Marktwert lag. In den Monaten danach ging der Import von Modulen „Made in China" auf dem amerikanischen Markt stark zurück. Die Preise stabilisierten sich, die Unternehmen konnten wieder aufatmen.

Ermutigt von diesem Erfolg begannen sie auch bei der EU-Kommission Druck zu machen, dem Preisdumping aus China einen Riegel vorzuschieben. Kaum hatte die Europäische Union das Anti-Dumping-Verfahren eingeleitet, folgte prompt eine Drohgebärde aus Beijing. Man überlege Dumping-Ermittlungen gegen europäische Weine, Stahlrohre und Chemieprodukte, teilte die chinesische Regierung mit. „Die Photovoltaikindustrie ist unglaublich wichtig für China. Sollte die EU darauf bestehen, Strafzölle auf chinesische Waren einzuführen und dadurch die chinesischen Händler zu schädigen, wird die Regierung das nicht einfach so hinnehmen", warnte der stellvertretende chinesische Handelsminister Chong Quan in einem Interview. „Wir sind mitten in einem globalen Handelskrieg", meinte Liang-shen Miao, Chef des chinesischen Solarkonzerns Yingli. „Diese Strafzölle wären für die gesamte Solarindustrie zerstörerisch." Nach wochenlangem Tauziehen einigte man schließlich auf Mindestpreise für den Import chinesischer Solarprodukte, die im August 2013 in Kraft traten. Die Einigung führte auch bei jenen Firmen zur Erleichterung, die vom Solarboom in China als Maschinenbauer und Zulieferer profitierten. Sie hatten befürchtet, den

Zugang zu diesem riesigen Markt zu verlieren, falls der Konflikt eskalierte.

Diese Auseinandersetzungen zeigen, wie rasch die Energiewende zu einem internationalen Krisenfall werden kann, wenn mehrere Länder auf dieselbe Technologie setzen. Europa ist es gelungen, einen gangbaren Kompromiss zu schließen, der eine weitere Eskalation des Handelsstreits mit China verhinderte. Das wird jedoch nicht der letzte Konflikt gewesen sein. Sollte China den europäischen Markt für Solarwärmekollektoren entdecken, könnte dieser Technologie ein ähnliches Schicksal blühen. Der chinesische Markt bei Sonnenkollektoren ist riesig, jedes Jahr kommen mehr neue Kollektoren hinzu, als in Europa insgesamt installiert sind. Die größten Hersteller in China beschäftigen über 5000 Menschen, zehnmal so viel wie die größte Solarfirma in Europa. Bislang wurden in China vor allem Röhrenkollektoren produziert, die in Europa kaum verwendet werden. Seit einigen Jahren werden jedoch auch zunehmend Flachkollektoren hergestellt, im Jahr 2013 voraussichtlich doppelt so viele wie Europa. Mit steigender Qualität könnten diese auch auf dem europäischen Markt Fuß fassen, wie das bei der Photovoltaik der Fall war. Ein Preisunterschied von 20 Prozent würde reichen, um die europäische Konkurrenz ins Trudeln zu bringen, wie die Erfahrung zeigt. Dann werden wieder kluge Kompromisse gefragt sein, um die Energiewende nicht durch einen internationalen Handelsstreit in Gefahr zu bringen.

## Operation am offenen Herzen

Der Ausbau erneuerbarer Energie ist mittlerweile so fortgeschritten, dass er ins Energiesystem und die bestehenden
Wirtschaftskreisläufe eingreift. Damit werden auch jene
Bruchstellen sichtbar, an denen die neue Energieversorgung
zu schmerzlichen Veränderungen im alten Energiesystem
führt. Ein Beispiel ist der Preisverfall an der Strombörse,
wenn so viel Ökostrom im Netz ist, dass mit dem Verkauf
von Strom nichts mehr zu verdienen ist. Eine vollständige
Energiewende würde nach diesen Regeln den Bankrott aller
klassischen Energieunternehmen bedeuten. Es ist daher
logisch, dass eine Alternative zur derzeitigen Einspeisevergütung von Ökostrom gefunden werden muss. Industrie und
herkömmliche Energieversorger sehen die Antwort darin,
den weiteren Ausbau von Ökostrom zu begrenzen, um damit
die Strompreise wieder in den Griff zu bekommen. Für Günther Brauner ist das der falsche Weg, um die Energiewende
voranzutreiben: „Wenn das alte System nicht kann, was ich
an Veränderungen haben will, dann müssen wir jene Regeln
ändern, die einen Wandel verhindern." Der Professor für
Energiewirtschaft an der Technischen Universität Wien rät,
über Vergütungssätze hinaus zu denken und Vorschläge für
das Energiesystem als Ganzes zu machen. Wie funktioniert
ein Energiesystem allein mit erneuerbarer Energie und wie
schaffen wir den Weg dorthin ohne Unterbrechung der Versorgung?

Der deutsche Umweltminister Peter Altmaier bezeichnete die Energiewende als „Operation am offenen Herzen", bei
der lebenserhaltende Kreisläufe trotz gravierendem Umbau
nicht in Gefahr gebracht werden dürfen. Ich finde dieses Bild

sehr passend. Es zeigt die große Verantwortung der Verbände und Unternehmen für erneuerbare Energie, die Leitung der Operation zu übernehmen und konkrete Vorschläge zu machen, was alles neu organisiert werden muss, um die Energiewende konsequent zu Ende zu führen. „Jetzt zeigen Sie mal, was Sie können", hatte die deutsche Kanzlerin Angela Merkel gemeint, als sie im März 2013 beim Energiegipfel in Berlin den Vertretern für erneuerbare Energie gegenübersaß. Dabei ging es ihr nicht um Potenziale und Möglichkeiten einzelner Technologien, sondern um die Energieversorgung als Ganzes.

Auch die klassischen Energieversorger werden ihre Geschäftsmodelle in Zukunft überdenken müssen. Brauner hält es für möglich, dass manche sich in Dienstleistungsbetriebe verwandeln, die kaum mehr eigene Kraftwerke besitzen. Ihre Aufgabe könnte sein, Ökostrom aus Tausenden privaten Quellen einzusammeln und je nach Bedarf an alle Kunden zu verteilen. Noch widerstrebt den Energieversorgern diese Vorstellung, beim Trendforum der österreichischen Energiewirtschaft wurde der Professor kurzerhand ausgeladen.

Doch die Veränderungen, die die Energiewende mit sich bringt, werden weitreichender sein, als es sich manche heute vorstellen können. Davon ist auch Matthias Willenbacher überzeugt. Der Gründer des weltweiten Unternehmens juwi, das auf Windkraft spezialisiert ist, hat seine Vorstellungen eines zukünftigen Energiesystems in Buchform veröffentlicht und der deutschen Kanzlerin als „unmoralisches Angebot" unterbreitet. „Ich werde alle meine Unternehmensanteile an die über 500 Energiegenossenschaften in Deutschland verschenken, wenn Sie die vollständige Energiewende ohne Wenn und Aber umsetzen", wie er im Buch verkündet. Energiegenossenschaften sind für Willenbacher das Rückgrat der Energiewende, die jedoch mehr Geld und Unterstützung der Politik bräuchten, um den Wandel voranzutreiben. Die Kanzlerin selbst hatte ihn auf die ungewöhnliche Buchidee gebracht. Willenbacher war mit ihr und einer Handvoll Industrieller nach Chile gereist, um die Möglichkeiten für Windenergie zu erkunden. Vor der Abreise hatte Merkel darüber gesprochen, dass Windkraft in Deutschland nur an der Küste im Norden sinnvoll wäre. Der Windfachmann war anderer Meinung und wollte auf dem Rückflug mit ihr darüber sprechen. „Schreiben Sie mir einen Brief", antwortete sie und beugte sich zu seinem Sitznachbarn, um ihn nach einem Kochrezept zu fragen, das dieser beiläufig zuvor erwähnt hatte. Als Willenbacher seine Enttäuschung überwunden hatte, beschloss er statt eines Briefes ein Buch zu schreiben. Darin findet sich auch ein Masterplan: „Wie die 100-prozentige Energiewende in kürzester Zeit gelingt."

Wir brauchen neue Wege der Vermarktung von Ökostrom, um den Vorteil der Erzeugung nahe am Verbraucher besser zu nutzen. Wir müssen neue Speicher für Wärme und Strom entwickeln, um die Versorgung in Zukunft unabhängig von Wetterschwankungen rund um die Uhr zu sichern. Wir müssen den Verkehr und die Raumplanung neu organisieren, mit Kombiangeboten aus öffentlichem Verkehr, Auto und Radfahren (auch Muskelkraft ist erneuerbare Energie!). Alle diese Vorschläge liegen seit Jahren auf dem Tisch. Jetzt geht es darum, im nächsten Jahrzehnt die entscheidenden Weichen zu stellen, damit sie Wirklichkeit werden. Denn darum geht es, wie Kanzlerin Merkel am Ende des Energiegipfels in Berlin vor versammelter Presse verkündete: „Wir haben uns zur Energiewende entschlossen und wir wollen sie auch zu Ende bringen."

# Dank

Ich möchte mich bei allen bedanken, die mir Inspirationen geliefert und Erlebnisse ermöglicht haben, ohne die das Buch nicht das geworden wäre, was es ist. Die Energiewende hat bereits eine lange Reise hinter sich, und ich hatte das Glück, über zwei Jahrzehnte mittendrin tätig sein zu dürfen. In diesem Buch habe ich zahlreiche Erfahrungen und Erkenntnisse, die ich dabei gewonnen habe, Revue passieren lassen und schließlich zu Papier gebracht. Ich würde mich freuen, wenn ich damit einen lebendigen Beitrag zur aktuellen Diskussion leisten konnte, wie es mit der Energiewende weitergehen soll.

Mein besonderer Dank geht an die Lektorin Barbara Köszegi für ihr Interesse und ihre Hingabe bei der Überarbeitung des Manuskripts. Sie half entscheidend mit, jegliche Polemik und Unverständlichkeit im Manuskript auszuräumen und dem Buch jene Qualität zu verleihen, die Sie nun in Händen halten.

Meiner Familie kann ich nicht genug für die Geduld danken, die sie aufbrachte, wenn ich mich wieder einmal zurückzog, um zu schreiben und meine Gedanken zu ordnen. „Ein Buch zu schreiben ist ein innerer Dialog, das braucht Zeit", meinte mein Bekannter Gerhard Frank, als ich ihm von dem Buchprojekt erzählte. Er hat selbst bereits zwei Bücher veröffentlicht und wusste besser als ich, worauf ich mich eingelassen hatte.

Zu guter Letzt möchte ich meinen Eltern danken, mit denen ich vieles erlebt und erfahren habe, was sich in den einzelnen Kapiteln dieses Buches wiederfindet. Die werden sich sicherlich wundern, wie oft sie erwähnt sind!

# Literatur

3. MCC Fachforum, Energiespeicher – Achillesferse des Energiewandels, Vorankündigung der Tagung 23./24.10.2012 in Köln

Abegg, Bruno, Energieautarke Regionen – Ein Hintergrundbericht der cipra, compact 06/2010

Agentur für Erneuerbare Energien, Online-Wertschöpfungsrechner, http://www.kommunal-erneuerbar.de/de/kommunale-wertschoepfung/rechner.html, abgerufen am 27.12.2012

Agentur für Erneuerbare Energien, Befragung unter 229 Teilnehmern des 2. Kongresses „100 % Erneuerbare-Energie-Regionen", Stand 09/10, Berlin 2010

Alt, Franz, Atomstrom teurer als Solarstrom, http://www.sonnenseite.com/Erneuerbare+Energien,Atomstrom+-teurer+als+Solarstrom,5,a26851.html, abgerufen am 3.12.2013

**201**

Alt, Franz, Schneller Speicher für Strom aus Sonne und Wind, http://www.sonnenseite.com/index.php?pageID=6&article:oid=a26412&utm_source=Sonnenseite.com&utm_medium=Twitter&utm_term=Sonnenseite,+Franz+Alt, abgerufen am 11.9.2013

Alt, Franz, Weltgrößter Offshore-Windpark eingeweiht, http://www.sonnenseite.com/index.php?pageID=6&article:oid=a25886&utm_source=Sonnenseite.com&utm_medium=Twitter&utm_term=Sonnenseite,+Franz+Alt, abgerufen am 2.8.2013

Amt der NÖ Landesregierung (Hrsg.), NÖ Energiefahrplan 2030, St. Pölten 2011

Amt der Salzburger Landesregierung (Hrsg.), Energieleitbild des Bundeslandes Salzburg 1997, Büro forschung planung beratung, Wien 1997

Anschober, Rudi, Das grüne Wirtschaftswunder: Wie die Energierevolution funktioniert, Verlag Ueberreuter, Wien 2011

Architekturzentrum Wien (Hrsg.), Best of Austria, Architektur 2008_09, Residenz Verlag, St. Pölten 2010

ARD Tagesschau, Der Klimawandel ist nicht mehr zu leugnen, http://www.tagesschau.de/ausland/klimawandel/ipccbericht104.html, abgerufen am 8.10.2012

Aretz, Astrid/Böther, Timo/Funcke, Simon/Heinbach, Katharina/Hirschl, Bernd/Pick, Daniel/Prahl, Andreas, Kommunale Wertschöpfung durch Erneuerbare Energien, Studie des Instituts für ökologische Wirtschaftsforschung in Kooperation mit dem Zentrum für Erneuerbare Energien der Albert-Ludwigs-Universität Freiburg im Breisgau, Abschlussbericht, Schriftenreihe des IÖW 196/10, Berlin 2010

Auer, D./Wirnsberger, H., Ganz Wien im Hitze-Taumel, Tageszeitung Heute, Printausgabe 21.8.2012

Auer, Matthias, Niederösterreich: Pröll verordnet ersten Stopp für Windkraft, Die Presse, Printausgabe 3.5.2013

Auer, Matthias, Windkraftausbau spaltet das Land, Die Presse, Printausgabe 12.1.2013

Augsten, Eva, BHKW und Solarwärme als Partner, Solarthemen Nr. 370, 23.2.2012

Augsten, Eva, Ein Netzwerk für Wärmenetze, Sonne Wind & Wärme 12/2012, 30.11.2012

Austria Solar, IG Windkraft, Kleinwasserkraft Österreich, Österreichischer Biomasse-Verband, Photovoltaic Austria, Umweltdachverband (Hrsg.), Schiefergasförderung – Methoden und Risiken, Unterlage zur Informationsveranstaltung am 28.6.2012 in Wien

AWEA, Windenergie überflügelt Atomkraft, Presseaussendung 29.5.2001

Balabanov, Todor/Bliem, Markus/Friedl, Beate/Zielinska, Irina, Energie [R]evolution Österreich 2050, Studie im Auftrag des Instituts für höhere Studien (IHS) im Auftrag von Greenpeace, EVN und vida, Wien 2011

Bayrischer Rundfunk, Wie die Stromriesen die Energiewende sabotieren, Beitrag vom 14.6.2011

Beckmann, Jörg/Pauli, Manfred Josef, Schweizer Road Map zur Elektromobilität, Schweizer Forum Elektromobilität, Mobilitätsakademie, Zürich 2011

Berger, Anita/Simon, Gerald, Windinitiative Waldviertel – Waldviertler Bevölkerung großteils für den Ausbau der Windenergie, W.E.B. Aktuell Ausgabe Nr. 42, Paffenschlag 2012

Berger, Martin/Haas, Reinhard/Kranzl, Lukas, Strategien zur weiteren Forcierung erneuerbarer Energieträger in Österreich unter Berücksichtigung des EU-Weißbuches für erneuerbare Energien und der Campaign for Take Off, Endbericht, Energy Economics Group, TU Wien, Studie im Auftrag von Umweltministerium und Wirtschaftsministerium, Wien 2001

Blas, Javier, World will face oil crunch in five years, Financial Times, Printausgabe 9.7.2007

Bolshaw, M./Grant, K./Hemleben, Ch./Kucera, M./Rohling, E. J./Roberts, A. P./Siddall, M., Antarctic temperature and global sea level closely coupled over the past five glacial cycles, Nature Geoscience, Ausgabe Juni 2009

Boltz, Walter, E-Control: Strompreis wird stark steigen, Ö1 Morgenjournal, 26.6.2012

Boltz, Walter, zitiert in: APA, Brüssel in Gasverträge Russlands mit EU einbinden, EXXA 4.10.2011, http://www.exaa.at/service/news/4865444410, abgerufen am 16.10.2012

BP, BP Amoco weltgrößter privater Nutzer von Photovoltaikanlagen, Presseaussendung 27.5.1999

Brandl, Georg/Perry, Mark, NASA widerlegt Klimawandel, Kronen Zeitung, Printausgabe 13.8.2011

Brandner, Edmund, Tagebuch eines Klimamönchs, Trauner Verlag, Traun 2011

Brandstätter, Helmut, Interview mit OMV-Generaldirektor Gerhard Roiss: „Amerika fährt uns davon", Kurier, 23.3.2013

Brumme, Doreen, Mehr als 400 ppm – $CO_2$-Rekordwert in der Atmosphäre, http://www.ecoquent-positions.com/mehr-als-400-ppm-co-rekordwert-in-der-atmosphaere, abgerufen am 26.5.2013

BSW-Solar, Emnid-Umfrage: Zwei Drittel der Bürger halten Solarkürzung für falsch, 1.3.2012, http://www. solarwirtschaft.de/presse-mediathek/pressemeldungen/ pressemeldungen-im-detail/news/emnid-umfrage-zwei-drittel-der-buerger-halten-solarkuerzung-fuer-falsch. html, abgerufen am 27.9.2013

Bundesministerium für Wirtschaft und Arbeit (Hrsg.), G8-Weltwirtschaftsgipfel 2005 in Gleneagles, Berlin 2005

Bürgerinitiative „Freunde und Freundinnen des Dunkelsteinerwalds", LH Pröll stoppt Wildwuchs von Windkraftwerken, http://www.dunkelsteinerwald.org/ hafnerbach, abgerufen am 20.9.2013

Bush, George W., On Renewable Energy, Transkript einer Rede des Präsidenten bei der Renewable Energy Conference in St. Louis am 12. Oktober 2006, Alternative Energy News, http://www.alternative-energy-news.info/ george-w-bush-renewable-energy, abgerufen am 26.10.2012

Bundesministerium für Land- und Forstwirtschaft, Umwelt und Wasserwirtschaft und Bundesministerium für Wirtschaft, Familie und Jugend (Hrsg.), Energiestrategie Österreich, Wien 2010

Bundesministerium für Land- und Forstwirtschaft, Umwelt und Wasserwirtschaft (Hrsg.), Zehn Schritte in die Energieautarkie: Wie Österreichs Gemeinden unabhängig von fossilen Energien werden, Broschüre erarbeitet von der Österreichischen Energieagentur, Wien 2009

Bundesministerium für Verkehr, Innovation und Technologie und Information Office of the State Council of the R.P.C. (Hrsg.), Chinas Weg zur nachhaltigen Wirtschaftsentwicklung, Broschüre zum gleichnamigen Symposium am 15.9.2011 in Wien

Canadian Association of Petroleum Producers (Hrsg.), About Canada's Oil Sands, Ottawa 2011

China Development Bank Corporation, Annual Report 2011, Xicheng District 2012

Christian, Reinhold/Christian, Rupert, Zukunftsfähige Energieversorgung für Österreich, „Berichte aus Energie- und Umweltforschung" des Bundesministerium für Verkehr, Innovation und Technologie, Schriftenreihe 13/2011

Cohen, Richard, Die Sonne – Der Stern, um den sich alles dreht, Arche Literatur Verlag AG, Hamburg 2012

Dalenbäck, Jan-Olof, European Large-Scale Solar Heating Network, Department of Building Services Engineering, Chalmers University of Technology, Göteborg 2002

Damm, Andrea/Haas, Reinhard/Hausberger, Stefan/ Heimrath, Richard/Kalt, Gerald/Oblasser, Stephan/ Schnitzer, Hans/Steininger, Karl/Streicher, Wolfgang/ Tatzber, Florian/Titz, Michaela/Wetz, Ina, Energieautarkie für Österreich 2050, Studie im Auftrag des Bundesministeriums für Land- und Forstwirtschaft, Umwelt und Wasserwirtschaft, Wien 2010

Danielsen, Oluf/Hackstock, Roger/Koukios, Emmanuel/ Kunze, Gerhard/Rakos, Christian/Sidiras, Dimitri, Pathways from small scale experiences to sustainable regional development, Summary Report des EU-Projekts EXPRESS PATH, Athen 1995

David-Freihsl, Roman, Wie Österreich hier agiert, ist geradezu unfassbar, Interview mit Greenpeace-Chef Alexander Egit, Der Standard, Printausgabe 16./17.6.2012

Dehmer, Dagmar, EU-Parlament lehnt Reform des Emissionshandels ab, Der Tagesspiegel, 16.4.2013, http://www.tagesspiegel.de/politik/klimaschutz-eu-parlament-lehnt-reform-des-emissionshandels-ab/8073436.html, abgerufen am 2.10.2013

Der Standard, Zu Ostern wird's kalt: Regen und Schnee am Wochenende, 28.3.2013, http://derstandard.at/1363706278338/Zu-Ostern-wirds-kalt-Heute-Nacht-kommt-wieder-Schnee, abgerufen am 4.10.2013

Der Standard, Weißes Haus wird mit Solarzellen ausgerüstet, Bericht vom 16. August 2013, http://derstandard.at/1376533730177/Weisses-Haus-wird-mit-Solarzellen-ausgeruestet, abgerufen am 6.9.2013

Deutsche Presse-Agentur GmbH, USA erleben wärmstes Jahr in der Geschichte, Pressemitteilung 9.7.2012

Diamond, Jared, Kollaps: Warum Gesellschaften überleben oder untergehen, S. Fischer Verlag, Frankfurt 2005

Die Presse, Berlakovich: 100 Prozent Energie „made in Austria", Printausgabe 27.1.2011

Die Presse, EU-Strafzölle: Handelskrieg mit China droht, Printausgabe 11.5.2013

Die Presse, IEA: Subventionen für Öl und Gas abschaffen, Printausgabe 9.11.2010

Dreißigacker, Christian, Hochwasser in Magdeburg, MDR tagesthemen 23:00 Uhr, 9.6.2013

EBRD, Energy Operations Policy as approved by the Board of Directors on 11 July 2006, http://www.ebrd.com/downloads/policies/sector/powerenergy.pdf, abgerufen am 23.9.2013

Elektrizitätswerke Schönau, Die Etappen der Geschichte, http://www.ews-schoenau.de, abgerufen am 25.8.2012

Epp, Bärbel, Brazil: Social Housing Programme mandates Solar Water Heaters, http://www.solarthermalworld.org/content/brazil-social-housing-programme-mandates-solar-water-heaters, abgerufen am 13.9.2012

Epp, Bärbel, China: Beijing Mandates Solar Hot Water Systems, http://www.solarthermalworld.org/content/china-beijing-mandates-solar-hot-water-systems, abgerufen am 13.9.2012

Epp, Bärbel, China: More than 50,000 Solar Shops, http://www.solarthermalworld.org/content/china-more-50000-solar-shops, abgerufen am 10.10.2012

Epp, Bärbel, India: NABARD Scheme Successful with Buyers, http://solarthermalworld.org/content/india-nabard-scheme-successful-buyers, abgerufen am 25.4.2012

Epp, Bärbel, USA: Contractor Runs 7,804 m² Collector System at Prestage Foods Factory, http://www.solarthermalworld.org/content/usa-contractor-runs-7804-m2-collector-system-prestage-foods-factory, abgerufen am 15.10.2012

EREC, INSULA, EUFORES (Hrsg.), Campaign for Take-Off: Sharing Skills and Achievements 1999–2003, Brussels 2004

EREC (Hrsg.), RE-thinking 2050, A 100 % Renewable Energy Vision for the European Union, Brussels 2010

Erneuerbare Energien (Hrsg.), Wärmespeicher ohne Verluste, Fraunhofer-Institut erforscht neuen Zeolith-Speicher, Ausgabe Juli 2012

EU-Kommission (Hrsg.), Energie für die Zukunft: Erneuerbare Energieträger - Weißbuch für eine Gemeinschaftsstrategie und Aktionsplan, KOM/97/0599, Brüssel 2001

EurObserv'ER (Hrsg.), Status Report: Renewable Energies in Europe 2010, Paris 2011

EurObserv'ER (Hrsg.), The State of Renewable Energies in Europe: European Union renewable energy shares in 2010, including employment, turnover and highlights of seven EU regions successfully attracting investments in renewable energy, Press release, France 2012

Europäisches Parlament, EU-Parlament unterstützt zeitweilige Preiserhöhung für $CO_2$-Zertifikate, Pressemitteilung, 3.7.2013

European Union, Common Vision for the Renewable Heating & Cooling sector in Europe, European Technology Platform on Renewable Heating and Cooling, Luxemburg 2011

Europäisches Parlament und Rat zur Förderung der Nutzung von Energie aus erneuerbaren Quellen (Hrsg.), Richtlinie 2009/28/EG vom 23.4.2009

Fell, Hans-Josef, Monopolkommission fordert erneut Quotenmodell, http://www.hans-josef-fell.de, abgerufen am 12.9.2013

forsa, Studie „Verbraucherinteressen in der Energiewende", durchgeführt vom Meinungsforschungsinstitut forsa im Auftrag des Verbraucherzentrale, Bundesverbands (vzbv), Berlin 2013

Forum Versorgungssicherheit, Zernatto für eine integrierte europäische Energiepolitik und gegen energetische Kleinstaaterei, Presseaussendung am 16.5.2011

Fragner, Bernhard, Es geht ums Eingemachte, Interview mit Energie AG Chef Leo Windtner, Österreichisches Industriemagazin, Sonderheft Energie, Juni 2012

Frey, Martin, Ein Stück Stadtwerk bitte, Sonne Wind & Wärme, Ausgabe 9/2012

Glaser, Rüdiger, Klimageschichte Mitteleuropas – 1200 Jahre Wetter, Klima und Katastrophen, Primus Verlag, Darmstadt 2008

Gore, Al, 400 ppm, http://blog.algore.com/2013/05/400_ppm. html, abgerufen am 10.5.2013

Goetzberger, Adolf/Stahl, Wilhelm/Voss, Karsten, Das energieautarke Solarhaus: Mit der Sonne wohnen, Heidelberg 1997

Graber, Fabian, OMV setzt bei Gaskraftwerk auf den Staat, Wirtschaftsblatt, Printausgabe 20.6.2013

Grimm, Oliver, IWF kritisiert massive globale Energie-subventionen, Die Presse, Printausgabe 28.3.2013

Günsberg, Georg, Schiefergas in Österreich: eingezwängt zwischen mehreren Zielkonflikten, http://guensberg. wordpress.com/2011/11/23/schiefergas-in-osterreich-eingezwangt-zwischen-mehreren-zielkonflikten/, abgerufen 26.5.2012

Hackenberg, Daniel, Riesenerfolg: 4. Hoffest am ersten energieautarken Bauernhof Österreichs, Bericht vom 19.6.2007 auf http://www.oekonews.at/index.php?mdoc_id=1022044, abgerufen am 20.8.2012

Hackl, Martin, Wärme als Speicher für PV-Strom, Interview in „Der Österreichische Installateur", Ausgabe 5/2013

Hackstock, Roger/Hubacek, Klaus/Kastner, Otmar/Ornetzeder, Michael, Bestimmende Faktoren der Solaranlagenverbreitung im internationalen Vergleich, Studie der Gruppe Angepasste Technologie an der TU Wien im Auftrag des Wissenschaftsministeriums, Endbericht, Wien 1995.

Hackstock, Roger/Könighofer, Kurt/Ornetzeder, Michael/ Schramm, Wilhelm, Übertragbarkeit der Solaranlagen-Selbstbautechnologie, Studie der Gruppe Angepasste Technologie an der TU Wien im Auftrag des Wissenschaftsministeriums, Endbericht, Wien 1992.

Hamilton, Jon, National Public Radio (USA), Town's Effort To Link Fracking And Illness Falls Short, Beitrag am 16.5.2012, http://www.npr.org/2012/05/16/152204584/ towns-effort-to-link-fracking-and-illness-falls-short, abgerufen 26.5.2012

Handelsblatt Bonn, Spanien verdrängt Deutschland, Printausgabe 7.3.2005

Handelsblatt, Gabriel stellt raschen Ausbau erneuerbarer Energien in Frage, 31.8.2013, http://www.handelsblatt. com/politik/deutschland/energiewende-gabriel-stellt-raschen-ausbau-erneuerbarer-energien-in-frage/8722014. html, abgerufen am 1.10.2013

Hänggi, Marcel, Wir Schwätzer im Treibhaus – Warum die Klimapolitik versagt, Rotpunktverlag, Zürich 2008

Harvey, Fiona, Worst ever carbon emissions leave climate on the brink, Interview mit Fatih Birol in The Guardian, Printausgabe 29.5.2011

Hein, Christoph, Kalte Enteignung in Indien, Frankfurter Allgemeine Zeitung, Printausgabe 2.2.2011

Highlands and Islands Enterprise (Hrsg.), Building the Industry, Webportal zum Ausbau von Offshore-Wind in Schottland, http://www.offshorewindscotland.org.uk, abgerufen am 20.10.2012

Houben, Michael, Der „Merit Order Effekt", Sendung des deutschen Senders WDR, 3.12.2012 um 21 Uhr

Huber, Daniel, Bauen mit der Sonne – Solarer Direktgewinn, Facharbeit Baubiologie/Bauökologie, Beinwil am See 2009

Huschke, Reinhard, Dörfer der Wende, Erneuerbare Energien, Ausgabe Februar 2012

IG Windkraft, Eindeutiges Bekenntnis zur Energiewende (mit Zitat Angela Merkel), windenergie Nr. 68, März 2013

Iken, Jörn, Ein Windpark für alle, Sonne Wind & Wärme, Ausgabe 7/2011

International Trade News, Schiefergas: Energie-Revolution oder Desaster?, http://www.internationaltradenews.com/de/articles/41664/Energie-Revolution-oder-Desaster.html, abgerufen am 23.9.2013

IPCC, Climate Change 2007: Synthesis Report. Contribution of Working Groups I, II and III to the Fourth Assessment Report of the Intergovernmental Panel on Climate Change, Genf 2007

Janssens-Maenhout, Greet/Muntean, Marilena/Olivier, Jos G.J./Peters, Jeroen A.H.W., Trends in global $CO_2$ emissions: 2013 Report, PBL Netherlands Environmental Assessment Agency, The Hague 2013

Jenni Energietechnik AG, Solarspeicher für wirtschaftliche Mehrfamilien-Sonnenhäuser, Medienmitteilung am 15.6.2013

Jungnikl, Saskia, Sieht das Kraftwerk der Zukunft so aus?, Die Zeit Nr. 35, Printausgabe 21.8.2008

Kemfert, Claudia, Kampf um Strom – Mythen, Macht und Monopole, Murmann Verlag, Hamburg 2013

Khammas, Achmed A. W., Buch der Synergie, Teil C, WINDENERGIE – Ausgewählte Länder (II), Deutschland (1901–1993), http://www.buch-der-synergie.de/c_neu_html/c_08_04_windenergie_d_bis_1993.htm, abgerufen am 19.4.2013

Kischko, Irmgard, Thema Schiefergas wird überbewertet, Kurier, Printausgabe 27.4.2013

Kischko, Irmgard, Verbund-Gaskraftwerken droht das Aus, Kurier, Printausgabe 15.6.2013

Klempert, Oliver, Glaube an die Wende, Sonne Wind & Wärme, Ausgabe 11/2012

Klempert, Oliver, Ruf nach Transformation, Sonne Wind & Wärme, Ausgabe 11/2011

Klima- und Energiefonds (Hrsg.), Energieautarkie für Österreich 2050, Wien 2010

Koch, Hans Jørgen, Eating a burger less per week can create an energy revolution, Vortrag am 16.5.2012 in Wien

Kohr, Leopold, Small is beautiful, Ausgewählte Schriften aus dem Gesamtwerk, Deuticke Verlag, Wien 1995

Konrad-Adenauer-Stiftung e.V., Die Energiewende ist eine Operation am offenen Herzen, Interview mit Umweltminister Peter Altmaier, Berlin, 29.10.2012, http://www.kas.de/wf/de/33.32548/, abgerufen am 9.8.2013

Kost, Christoph/Schlegl, Thomas, Studie Stromgestehungskosten Erneuerbare Energien, Fraunhofer ISE, Freiburg/Breisgau 2010

Kronberger, Hans, Blut für Öl – Der Kampf um die Ressourcen, Uranus Verlag, Wien 1998

Kronberger, Hans, Geht uns aus der Sonne: Die Zukunft hat begonnen, Uranus Verlag, Wien 2011

Landesregierung Oberösterreich (Hrsg.), Energiezukunft 2030, Die oberösterreichische Energiestrategie, Linz 2009

Leidenfrost, Martin, Dokumentarfilm „Gas Monopoly", 2011

Lurz, Markus/Stöhr, Michael/Tischer, Martin, Auf dem Weg zur 100 % Region – Handbuch für eine nachhaltige Energieversorgung von Regionen, B.A.U.M. Consult, München 2009

Magistratsabteilung 20, BürgerInnen-Solarkraftwerke – Sonnenenergie für alle, http://www.wien.gv.at/stadtentwicklung/energieplanung/solarkraftwerke.html, abgerufen am 31.7.2013

Marold, Manuel, Öl und Gas dominieren weiter, Beitrag im Ö1 Mittagsjournal des ORF, 14.11.2012

Marketagent.com, Online-Befragung von 500 Österreichern im Alter zwischen 14 und 59 Jahren zum Thema „Klimawandel", Ergebnisbericht 2007

Maubach, Klaus-Dieter, Energiewende – Wege zu einer bezahlbaren Energieversorgung, Springer Fachmedien Verlag, Wiesbaden 2013

Mauthner-Weber, S., Klimawandel mit dramatischen Folgen, Kurier, Printausgabe 28.9.2013

Mitterlehner, Reinhold, Rede des Wirtschaftsministers auf der Veranstaltung „Ein Jahr nach Fukushima – Globales Streben nach zukunftsfähigen Energiestrategien" am 16.5.2012 in Wien

Molly, Jens Peter, Windenergie in Deutschland, DEWI Magazin Nr. 5, August 1994

Morales, Alex, Greenhouse Gases Hit Threshold Unseen in 3 Million Years, 11.5.2013, http://www.bloomberg.com/news/2013-05-10/hawaii-carbon-dioxide-measurement-for-may-9-passed-400-ppm.html, abgerufen am 4.10.2103

Müller-Kraenner, Sascha, Energiesicherheit: Die neue Vermessung der Welt, Verlag Kunstmann, München 2007

Neges, Birgit/Schauer, Kurt, Energieregionen der Zukunft –
Erfolgreich vernetzen & entwickeln, Wallner & Schauer
GmbH, Graz 2007

nh24.de, Erstes Projekt zur Nutzung von Solarwärme bei der
Erdgasvorwärmung gestartet, Bericht am 7.3.2012

Neubacher, Alexander, Verblendet, Artikel in Der Spiegel Nr.
3/2012

Novak, Stephanie/Stanzer, Gregori, REGIO Energy –
Regionale Szenarien erneuerbarer Energiepotenziale in
den Jahren 2012/2020, Forschungsprojekt im Auftrag des
Bundesministerium für Verkehr, Innovation und
Technologie und des Bundesministerium für Wirtschaft,
Familie und Jugend, Wien/St. Pölten 2010

OECD/IEA, World Energy Outlook 2004, Executive Summary, Paris 2004

OECD/IEA, World Energy Outlook 2008, Executive Summary, Paris 2008

OECD/IEA, World Energy Outlook 2010, Executive Summary, Paris 2010

OECD/IEA, World Energy Outlook 2011, Executive Summary, Paris 2011

OECD/IEA, World Energy Outlook 2012, Executive Summary, Paris 2012

Oesterreichs Energie (Hrsg.), Die Energiewende darf Kunden
nicht überfordern, Bericht zum Trendforum der
Energiewirtschaft, Fachmagazin der österreichischen
E-Wirtschaft, Ausgabe April 2013, Wien 2013

ORF Radio Steiermark, Gaskraftwerk Mellach offiziell in
Betrieb, Bericht am 22.6.2012

Ökosystem Erde, Die Erforschung der Atmosphäre, http://www.oekosystem-erde.de/html/hintergrund_luft.html, abgerufen am 29.3.2013

Österreich (Hrsg.), Der heißeste August aller Zeiten, Printausgabe 20.8.2009

Österreich (Hrsg.), Schnee mitten im Juni, Printausgabe 14.6.2012

Österreichischer Biomasse-Verband (Hrsg.), Auf dem Weg zur energieautarken Gemeinde, Wien 2011

Österreichischer Biomasse-Verband, Strategiepapier: Bioenergie 2020, Wien 2011

oe24.at, Nabucco-Abkommen ist unterschrieben, Bericht am 13. Juli 2009

OTTI, Tagungsband des 23. Symposiums Thermische Solarenergie, 24.–26. April 2013 in Kloster Banz, Bad Staffelstein (D)

Overland J./Walsh J./Wang M., Arctic Report Card 2008, Chapter Atmosphere, http://www.arctic.noaa.gov/report08/atmosphere.html, abgerufen am 29.8.2013

Patton, Dominique, Solar group Yingli taps CDB for $324m procurement finance, http://www.rechargenews.com/business_area/finance/article311180.ece, abgerufen am 19.8.2012

Peitsmeier, Henning/Pennekamp, Johannes, Wirtschaft dringt auf sofortige Ökostrom-Reform, Frankfurter Allgemeine Zeitung, Printausgabe 23.9.2013

Peter, Martin, Totales Chaos durch Benzinrevolte: London setzt Polizei in Marsch, Die Presse, Printausgabe 13.9.2005

Pirker, Martina, Solar-Erzeuger baut Spittaler Standort aus, Kleine Zeitung Oberkärnten, Printausgabe 13.5.2009

Plog, Ulla, Wer zu spät kommt, den bestraft das Leben, Frankfurter Allgemeine Sonntagszeitung, Ausgabe Nr. 40, Printausgabe 6.10.2004

Prantner, Christoph, Wir haben uns immer bemüht, den Menschen ihre Rechte zu geben, Interview mit Shi Mingde, dem chinesischen Botschafter in Wien, Der Standard, Printausgabe 26.1.2011

Prechtl-Grundnig, Martina, Es kracht in der E-Wirtschaft, Wasserkraft, Ausgabe 39/März 13

Presse- und Informationsamt der Bundesregierung, Energiekonzept – Fragen und Antworten, http://www.bundesregierung.de/Webs/Breg/DE/Themen/Energiekonzept/Fragen-Antworten/1_Allgemeines/4_versorgungssicherheit/_node.html, abgerufen am 25.6.2013

Rahmstorf, Stefan, 2010 wärmstes und nassestes Jahr weltweit seit Beginn der Aufzeichnungen, SciLogs, 13.1.2011

Rat der Europäischen Union (Hrsg.), Europäische Sicherheitsstrategie – Ein sicheres Europa in einer besseren Welt, Brüssel 2003

RIA Novosti, Heinz Fischer setzt sich für Nabucco-Projekt und turkmenisches Gas ein, Aschchabad, 13.10.2011, http://de.rian.ru/politics/20111013/260947158.html, abgerufen am 25.6.2013

Röpcke, Ina, Speicherspektakel im Emmental, Sonne Wind & Wärme 1/2006

Sawin, Janet L., Renewables 2012 Global Status Report, REN21, Paris 2012

Scheer, Hermann, Der energethische Imperativ – Wie der vollständige Wechsel zu erneuerbaren Energien zu realisieren ist, Verlag Antje Kunstmann, München 2010

Scheer, Hermann, Billiges Öl fordert einen hohen Preis, Frankfurter Rundschau, Printausgabe 28.3.2003

Schütz, Dietmar/Schütz, Björn (Hrsg.), Die Zukunft des Strommarktes – Anregungen für den Weg zu 100 Prozent Erneuerbare Energien, Ponte Press Verlags GmbH, 2011

Solarify, China droht mit Vergeltung gegen EU-PV-Strafzölle, 30.3.2013, http://www.solarify.eu/2013/03/30/china-droht-mit-vergeltung-gegen-eu-pv-strafzolle/, abgerufen am 6.10.2013

Solites, Ranking List of European Large Scale Solar Heating Plants, http://www.solar-district-heating.eu/ServicesandTools/Plantdatabase.aspx, abgerufen am 7.9.2013

Sommer, Theo, Bisher steht nur der Verlierer fest, Die Zeit, Nr. 4, Printausgabe 19.1.1979

Sonne Wind & Wärme (Hrsg.), 30 Jahre auf dem Weg in die solare Zukunft, Ausgabe 12/2006

SPES Zukunftsakademie Schlierbach/Verein Leb's Net's 21 (Hrsg.), Global Marshall Plan und Agenda 21 – Maßnahmen und Aktionen für aktive Menschen in Gemeinden und Regionen, Eidenberg/Schlierbach 2012

Spiegel Online, Orkan: Kyrill wütet über Deutschland, 18.01.2007, http://www.spiegel.de/panorama/orkan-kyrill-wuetet-ueber-deutschland-a-460738.html, abgerufen am 28.8.2013

Staatliche Akademie der Bildenden Künste Stuttgart (Hrsg.), Gebäudeentwürfe mit Fresnel-Kollektoren prämiert, Ausblicke + Einblicke, Stuttgart 2007

Statistik Austria (Hrsg.), Außenhandelsbilanzen 2003 bis 2012, grafisch aufbereitet von Österreichischer Biomasse-Verband 2013

Suchy, Cornelius, More like a mountain bike – Solar Thermal needs to make a quantum leap!, RenewableENERGYWorld, PennWell Verlag, Essex 2002

Tenbrock, Christian, Riesen taumeln im Wind, Die Zeit Nr. 37, Printausgabe 5.9.2013

Thomas, Torsten, Langer Atem gefragt, Windenergie-Offshoreturbinen, Sonne Wind & Wärme, Ausgabe 10/2012

Tucek, Wolfgang, Die Energiewende ist gescheitert, Interview mit E-Control-Chef Walter Boltz, Wirtschaftsblatt, Printausgabe 2.4.2013

Tucek, Wolfgang, Strom wird um 25 Prozent teurer, Interview mit E-Control-Chef Walter Boltz, Wirtschaftsblatt, Printausgabe 25.6.2012

Uken, Marlies, Unsere Stromleitungen glühen, Interview mit Boris Schucht in Die Zeit Online 13.10.2011

Ultsch, Christian, Nabucco: Pipeline-Projekt der OMV gescheitert, Die Presse, Printausgabe 26.6.2013

Umweltbundesamt (Hrsg.), Ergebnisse der Fokusgruppen zum Thema Energiewende, Wien 2013

UNEP (Hrsg.), Global Trends in Renewable Energy Investment 2012, Paris/Frankfurt 2012

Urbina, Ian, Insiders Sound an Alarm Amid a Natural Gas Rush, New York Times, Printausgabe 25.6.2011

U.S. Department of Energy (Hrsg.), Laying the Foundation for a Solar America: The Million Solar Roofs Initiative, Final Report October 2006, Washington D.C. 2006

Vorarlberger Landesregierung (Hrsg.), Schritt für Schritt zur Energieautonomie in Vorarlberg, Maßnahmenplan bis 2020, Schlussbericht, Bregenz 2011

Weiner, Jonathan, Die nächsten 100 Jahre. Wie der Treibhauseffekt unser Leben verändern wird, Verlag Bertelsmann, München 1990

Weishaupt, Georg, Die Energiewende ist Privatsache, Handelsblatt, Printausgabe 2.1.2012

wetter.tv, Die Rekordhitze im Rückblick, Bericht vom 21.6.2013, http://at.wetter.tv/de/wetterblog/2013/06/21/die-rekordhitze-im-rueckblick-1639 abgerufen am 4.10.2013

Wie Fracking funktioniert, Animation, http://www.youtube.com unter „Wirtschaft-aktuell-Dossier: Fracking", abgerufen am 26.5.2012

Wiener Zeitung, CO2-Wachstum gebremst, Feuilleton, Printausgabe 2./3.11.2013

Wikipedia, Barock, http://de.wikipedia.org/wiki/Barock, abgerufen am 28.8.2012

Wikipedia, EU-Emissionshandel, http://de.wikipedia.org/wiki/EU-Emissionshandel, abgerufen am 2.10.2013

Wikipedia, Galileo Galilei, http://de.wikipedia.org/wiki/Galileo_Galilei, abgerufen am 14.5.2013

Wikipedia, Growian, http://de.wikipedia.org/wiki/Growian, abgerufen am 19.4.2013

Wikipedia, Industrielle Revolution, Kohleabbau und Schwerindustrie, http://de.wikipedia.org/wiki/Industrielle_Revolution#Kohleabbau_und_Schwerindustrie, abgerufen am 7.10.2012

Wikipedia, Pliozän, http://de.wikipedia.org/wiki/
Plioz%C3%A4n#Klima, abgerufen am 30.9.2013

Wikipedia, Verdrängung (Psychoanalyse), http://de.
wikipedia.org/wiki/Verdr%C3%A4ngung_
(Psychoanalyse), abgerufen am 13.10.2012

Wikipedia, Zeche Vereinigte Louise (Essen),
Bergwerksgeschichte, http://de.wikipedia.org/wiki/
Zeche_Vereinigte_Louise_(Essen), abgerufen am
7.10.2012

Willenbacher, Matthias, Mein unmoralisches Angebot an die
Kanzlerin, Verlag Herder, Freiburg im Breisgau 2013

Willershausen, Florian, Energiesparen für Anfänger,
Handelsblatt, Ausgabe 29.11.2011

ZAMG (Hrsg.), Sommer 2013: einer der wärmsten und
sonnigsten der Messgeschichte, Bericht vom 29.8.2013,
https://www.zamg.ac.at/cms/de/klima/news/
sommer-2013, abgerufen am 4.10.2013

ZDF, Deutschland unter Strom – was kostet uns die
Energiewende, Sendung illner intensiv, 29.8.2013

Zirm, Jakob, Eine Energierevolution? Aber doch nicht bei
uns, Leitartikel, Die Presse, Printausgabe 19.11.2012

Judith Brandner, Zuhause in Fukushima
Das Leben danach: Porträts
Mit Fotos von Katsuhiro Ichikawa

ISBN 978-3-218-00906-5, € (A, D) 22,–
Auch als E-Book erhältlich

Kei Kondo hat seinen Bio-Bauernhof verloren. Sadako Monma musste ihren Kindergarten schließen. Der Arzt und Diplomat Ryohei Suzuki kehrte nach der Katastrophe nach Fukushima zurück, um im dortigen Krankenhaus zu arbeiten. Judith Brandner erzählt in diesem Buch in sensiblen Porträts, wie sich die Katastrophe von Fukushima auf die dort lebenden Menschen auswirkt. Die Fotos des japanischen Fotografen Katsuhiro Ichikawa zeigen auf berührende Weise, wie die Menschen heute dort leben und fühlen.